Erich Kunz

Cornelia Szabó-Knotik
Herbert Prikopa

ERICH KUNZ

Ein Leben für die Oper

Löcker Verlag

© 1994 Löcker Verlag Ges.m.b.H., Wien.
Alle Rechte vorbehalten
Satz: Typomedia, Neunkirchen
Druck: Floraprint, Wien
Umschlaggestaltung: Franz Geisler-Moder,
nach einem Photo von Atelier Fayer, Wien (vgl. Abb. S. 105)
Bildnachweis am Schluß des Buches.
ISBN 3-85409-239-3

INHALT

EINLEITUNG

Eigentlich war es schon längst fällig, das Buch über einen der populärsten und vielseitigsten Sänger der letzten Jahrzehnte. Das Thema bietet sich also von selbst an - nicht jedoch die Form einer solchen Darstellung.

Leistungen sollen beschrieben und bewundert werden, aber kann man aus einem Menschen wie Erich Kunz deshalb ein Denkmal machen, ein Standbild? Wohl nicht. Zu groß ist die Diskrepanz zwischen dem Wesen seiner Verdienste, die stark von überzeugender Darstellung, populärem Witz geprägt sind. Andererseits handelt es sich um einen der ganz Großen der Opernwelt, und diese ist von jeher durch Repräsentation, Prunk und Feierlichkeit geprägt. Also wird auch davon etwas zu spüren sein müssen. Zudem liegt ein reiches und langes Leben zur Beschreibung vor, das einen großen Teil unseres an politischen Wechselfällen, an technischen und kulturellen Veränderungen reichen Jahrhunderts umfaßt. Deshalb muß auch der historische Hintergrund mitbedacht werden, vor dem sich diese Karriere in all ihren Facetten abgespielt hat.

Und dann gibt es noch eine Sache zu berücksichtigen: Wie erzählt man Musik? Wie beschreibt man jemandem den gläsernen Klang des Geldes in der *Josephslegende* von Richard Strauss, wenn dieser weder die *Josephslegende* je gehört hat, noch sich unter einem „gläsernen Klang" etwas vorstellen kann? Kann man also wirklich nur über etwas Bekanntes gemeinsam schwärmen? Das ist eine der vielen Fragen für den Anfang eines Buches, mit der allerdings auch gezeigt werden kann, wie relativ einfach der Einstieg in das Thema „Erich Kunz" ist. Er ist nämlich nicht nur der Liebling der Opernwelt, die in jedem Land immer nur ein kleiner Teil der Bevölkerung sein kann, er ist vielmehr der Ausdruck einer Zeit, deren Stars nur über die Bühne, vielleicht auch noch über die Schallplatten wirken konnten, und in der das aufstrebende Medium Fernsehen die Popularität noch nicht über Nacht bringen konnte. Die Publikumswirksamkeit mußte da sein, die Beliebtheit aber schrittweise verdient werden. Und es war durchaus selten, daß einem Opernsänger der Sprung zum Film gelang. Erich Kunz ist allein schon wegen seiner Vielseitigkeit nicht nur der bereits erwähnten Opernwelt ein Begriff. Wir kennen ihn als einmaligen Interpreten von Wiener Liedern genauso wie als Star von Operettenaufführungen und Operettenproduktionen im Fernsehen, wir wissen um seine schauspielerische Ausdruckskraft, um seine Einfachheit beim Singen eines Volksliedes, und wir kennen ihn auch als Filmschauspieler, der den meisten berühmten Kollegen im Film durchaus zeigen kann, wie man das Publikum überzeugt.

Trotzdem soll das Buch nicht nur ein Jubelbuch werden, obwohl gerade bei Kunz die Berechtigung zum Jubeln durchaus besteht. Und es gilt auch nicht nur, das Leben eines großen Sängers zu beleuchten, der in seiner Art zeigt, daß man Starruhm und Menschlichkeit durchaus verbinden kann, ohne auf den lauten Trubel angewiesen zu sein, der sich mit dem heutigen Starruhm meistens verbindet. Der Ruhm von Erich Kunz kann ohne die leeren Äußerlichkeiten bestehen, er beweist, daß man keine Skandale und unzählige Berichte in den Klatschspalten braucht, um sein Publikum, seine Stadt und die Welt zu erobern. Der Weg zu diesem Ruhm kann allerdings nicht gezeigt werden, ohne die Umwelt zu berücksichtigen, die ja gerade in der Zeit, in der Erich Kunz Karriere machte, den Künsten speziell und den Menschen allgemein nicht freundlich gesinnt war. Es gilt, die persönliche Einstellung des Künstlers zu diesem Weg, zum Beruf und zu dieser wechselnden Umwelt darzustellen. Nun gibt es ja genügend Dokumente von und über Erich Kunz, dazu eine unglaubliche Anzahl diverser Fotos, und es gibt auch sein fast 85jähriges, immer noch funktionierendes Gedächtnis, sodaß eine Fülle von Informationen dem Referenten die Darstellung der Kunz´schen Einmaligkeit erleichtert.

Deshalb hat es sich auch ergeben, daß zwei ganz unterschiedliche Autoren dieses Thema gemeinsam gestalten. Einerseits der vielseitig erfahrene, gebildete Sänger und Dirigent, der auch auf persönliche Erfahrungen gemeinsamer Bühnenauftritte mit Erich Kunz zurückblicken kann, andererseits die Historikerin, die als übliches Dilemma dieser Zunft die sachliche Information mit leichtverständlicher Darstellung zu verbinden gesucht hat. Auch die im Fall Kunz so reich fließenden Anekdoten sollten nicht zu kurz kommen - sie wurden in loser Folge in den Text eingestreut, als begleitendes oder kontrapunktisches Aperçu. Deshalb ist dieses Buch auch der Sprache nach, nicht nur in seinen zahlreichen Abbildungen, ein buntes Buch geworden und damit gleichzeitig ein typisches Produkt unserer optisch so stark geprägten Zeit.

H.P. - C.Sz.Kn.

9

Die Kritiker – Mappe des Vaters

KINDHEIT

Da man bei einem Buch, das auch eine Biographie enthalten soll, ohne eine gewisse Chronologie nicht auskommt, muß man natürlich auch hier beim Anfang beginnen, beim Ursprung, bei der Geburt, - eigentlich sogar noch früher.

Schon der Großvater mütterlicherseits war ein geborener Wiener, ebenso dessen Frau. Die Großmutter väterlicherseits, um wenigstens in einem Fall die österreichische Mischkulanz zu bestätigen, entstammte einem Gutshof an der ungarisch-slowakischen Grenze. Der Vater des Vaters war ein echter Wiener, und der Vater natürlich auch. Und dieser Vater, Diplomingenieur Eduard Kunz, war es auch, der das künstlerische Element in die Familie brachte. Eigentlich war er ein Angestellter beim Elektrizitätswerk in Wien, aber zu Hause musizierte, komponierte und dichtete er und war einer, der in jede Gesellschaft Schwung bringen konnte. Andererseits war er präzise und ordentlich. Das zeigt sich nicht nur in den wie gedruckt wirkenden Eigenkompositionen, sondern auch in jener von ihm gestalteten Familienchronik, die in Art eines Kalenders private und öffentliche Ereignisse akribisch festhält, dankenswerterweise auch jeden Auftritt des Sohnes Erich. Erschütternd der letzte Eintrag 1938: „Österreich verschwindet". Außerdem gibt es von ihm eine Mappe, kalligraphisch beschriftet, mit allen Zeitungsausschnitten von Aufführungen der Wiener Akademie bis zu den ersten Jahren der diversen Engagements. *Werdegang eines Kammersängers* ist der Titel dieser Mappe - Prophet war der Vater also auch.

Im Jahr 1909, als Untertan des immer noch regierenden Kaisers Franz Joseph, wurde Erich Kunz in Wien geboren, in der Albertgasse 54 im 8. Bezirk. Das hatte den Vorteil, daß er nicht weit zur Schule hatte, die sich ebenfalls in der Albertgasse befand und die er ohne allzuviel Begeisterung, aber doch mit Erfolg besuchte. Wobei er im Gespräch erwähnt, daß er sicherlich nicht der beste Schüler, ja nicht einmal einer der besonders guten war. Es ergibt sich daraus, daß die Schule erst stolz auf ihn war, als er „der" Kunz geworden ist, und ihn deshalb vor einigen Jahren auch zum Ehrenmitglied ernannte. Eine der vielen Ehrungen in seinem Leben, aber

Erich Kunz im Alter von vier Monaten.

eine, die er sich, seiner Meinung nach, durch schulische Leistungen nicht verdient hat. Andrerseits sind in der Schule die Zeugnisse seiner Generation nicht mehr aufzufinden gewesen, sodaß auch weniger gute Zensuren diese Verleihung der Ehrenmitgliedschaft nicht ungünstig beeinflussen konnten. Der kaiserliche Einfluß auf sein Leben war sicherlich nicht bedeutend, aber die Geburt in Wien hat vielleicht doch damit zu tun, daß er die „wienerischen" Gestalten der Opern- und der Operettenbühne so genial nachschaffen konnte. Und in diesem Zusammenhang scheint es nicht uninteressant zu sein, daß Erich Kunz der einzige geborene Wiener im späteren legendären Wiener Mozartensemble war. Alle anderen - Seefried, Jurinac, Schwarzkopf, Dermota, Schöffler - kamen aus der Fremde und wurden mehr als heimisch bei uns. Der musikalische Schöpfer dieses Ensembles allerdings war ebenfalls Wiener, der Dirigent Josef Krips.

Sommer 1919

13

Man nannte den Kunz´schen Sprößling des Jahres 1909 „Erich", was ungefähr „der allein Mächtige" bedeuten soll, damals aber hatte er die Macht in der Familie mit einer Schwester zu teilen, über die Mächtigkeit seiner Operngestalten wird später noch zu reden sein. Diese familiäre Machtteilung zeigte sich schon in den frühen Jahren, als Erich so gerne Klavier gelernt hätte, was seine etwas ältere Schwester aber schon durfte, sodaß sich der Knabe mit der Geige „begnügen" mußte. Nicht wissend, wie gut er seine respektablen, zum größten Teil autodidaktisch erworbenen Geigenkenntnisse als Schulmeister Baculus in Lortzings *Wildschütz* auch noch auf der Bühne würde verwenden können.

Noch vor Erichs Eintritt in die Schule brach der erste Weltkrieg aus, an dessen Ende der Vater schwer an der sogenannten „Spanischen Grippe" erkrankte und daraufhin lange Zeit in Erholungsheimen und Sanatorien zubringen mußte. Das hatte für die Familie zur Folge, daß sich auch das Einkommen verringerte, und nur der von Erich Kunz hervorgehobenen Tüchtigkeit seiner Mutter Sophie verdankte die Familie trotzdem ein reibungsloses Funktionieren. Diese Mutter war eine so bemerkenswerte, diplomatisch begabte Frau, daß auch ihre Enkelin noch heute ins Schwärmen gerät und ihre Schwiegertochter von einem Glücksfall spricht.

Nach dem ersten Weltkrieg gab es die ersten Auslandsreisen. Nur für die Kinder, die es den humanitären Bestrebungen Skandinaviens zu verdanken hatten, durch eine „Kinderland-Verschickung" nach Dänemark zu kommen, also in ein Land, in dem Milch und Honig vielleicht nicht flossen, aber doch vorhanden waren. Schwester Irmgard erinnerte sich, daß die „Verschickung" knapp vor Weihnachten stattfand, an einem 19. Dezember, was die Reise nicht gerade einfach machte, - das erste Mal gerade zu Weihnachten von der Familie getrennt zu sein, trug nicht gerade zum Wohlbefinden der Verschickten bei, dazu kam noch, daß die Geschwister zwar nicht weit voneinander, aber doch nicht gemeinsam bei einer Familie untergebracht waren. Der Pflegevater Erichs hatte einen Gutshof mit vielen Tieren, den er mit Hilfe einer Wirtschafterin allein bearbeitete, und als der damals neunjährige Erich auf diesem Gutshof ankam, wurde er eingeteilt, bei den Kühen und Pferden mitzuarbeiten. Er hatte eine gewisse Anzahl von Kühen zu betreuen und zu bewachen, drei davon mußte er auch täglich melken. Und mit den Pferden ritt er in das nahegelegene Meer, alles Tätigkeiten, die seiner Schwester das Gruseln beibrachten. Er mußte sogar allein mit einem Pferdewagen die Milch in der Gegend ausliefern, auch in die Meierei, in der seine Schwester untergebracht war, die dadurch wieder Gelegenheit hatte, sich um Erich große Sorgen zu machen. Beide Kinder lernten dänisch sprechen, lesen und schreiben, aber ohne Gelegenheit, diese Sprache in Wien weiter zu pflegen, waren diese Kenntnisse bald wieder verschwunden. Trotz aller kulinarischen Unterstützung der gastfreundlichen Dänen war Erich, der schon damals ein Familienmensch war, sehr glücklich, wieder daheim zu sein, und man kann sich vorstellen, daß er die Arbeit mit den Rindern und Pferden in Wien gar nicht vermisste.

Die Familie Kunz pflegte Hausmusik. Alle 14 Tage kam eine Freundin der Mutter, um mit ihr vierhändig Klavier zu spielen, der Vater hatte zwar nie Klavier gelernt, war aber als Autodidakt fähig, sich nach Opernbesuchen die gehörten Musikstücke auf dem Klavier zusammenzusuchen. Selbstverständlich besuchte die Familie immer wieder Opernaufführungen und Konzerte. Die Mutter ging besonders gern in die Volksoper, damals unter dem ausgezeichneten Direktor Rainer Simons, der es verstand, auch die großen internationalen Solisten für einige Abende an sein Theater zu holen, und der bis heute als der Schöpfer der goldenen Volksopernjahre bekannt ist. Die Schwester Irmgard ging dazu auch noch oft ins Burgtheater – wie man sieht, eine gutbürgerliche Familie, die den Kindern den Zugang zur Kunst ermöglichte. Die ganze Vielfalt des damals trotz wirtschaftlicher Schwierigkeiten immer noch in Wien Gebotenen wird deutlich, wenn man das Musikleben Wiens kurz Revue passieren läßt.

MUSIKLEBEN IN WIEN 1900 - 1930

Um die Jahrhundertwende wird das kulturelle Leben Wiens von zwei einander entgegengesetzten und gleichzeitig einander ergänzenden Strömungen gekennzeichnet: Ein gehobenes Selbstgefühl in Erwartung des Kommenden, eine Art kultureller Explosion macht sich in der vielschichtigen Entwicklung bemerkbar, die unter dem Begriff *Moderne* zusammengefaßt wird. Am Anfang dieser Bewegung steht die Ablösung vom 19. Jh., als deren sichtbares Zeichen die Gründung der *Secession* 1897 gilt. Die damit verbundene optimistische Zukunftshoffnung wird im Titel der 1898 - 1903 herausgegebenen Zeitschrift deutlich - *Ver Sacrum,* nach dem antiken Frühlingsopfer:

> Der Geist der Jugend, der den Frühling durchweht, er hat sie zusammengeführt, der Geist der Jugend, durch welchen die Gegenwart immer zur 'Moderne' wird, der die treibende Kraft ist für künstlerisches Schaffen, er soll auch diesen Blättern den Namen geben, im Sinnbilde des *Ver Sacrum. Ver Sacrum,* heiliger Weihefrühling, es ist ein gutes Wahrzeichen, unter dem der neue Künstlerverband ins Leben tritt: die Entstehung des ewigen Rom, der Stadt der Künste und der Kunst, wird ja auch zurückgeführt auf ein *Ver Sacrum.* (Max Burckhard: VER SACRUM, Jg. 1898, Heft 1)

Der Aufbruch neuer Kunst in allen Bereichen ist ein Schock für das konservative Publikum. Demgegenüber wird in einer Art *Neuromantik* die Tradition gepflegt und bewahrt.
Nach dem Zusammenbruch der Monarchie erhebt sich allgemein die bange Frage, ob Wien als Musikstadt ohne die verschiedenen Nationalitäten, die es wesentlich geprägt haben, den traditionellen hohen Rang beibehalten kann:

> Nichts hat die Lebenskraft, die Wien auch noch nach dem zerstörenden Chaos des ersten Weltkrieges geblie-

ben war, besser bewiesen als die allgemeine tatent-
schlossene Überzeugung, daß Wien als großes Zentrum
der europäischen Musik erhalten bleiben müsse. Jede
der politischen Parteien, die für die Republik Österreich bestimmend wurden, war bei allen Gegensätzen
in ihren politischen Anschauungen und Zielen in glei-
cher Weise von der Größe Wiens als Musikstadt und
von der Bedeutung der Wiener Oper überzeugt, wenn
sie auch aus der Hofoper eines mächtigen Herrschers
die Staatsoper eines armen Landes geworden war. Jede
Gelegenheit, das Gewicht Österreichs als Musikstadt
zu verstärken, wurde benützt. (Max Graf: Legende einer Musikstadt)

Durch einen Blick auf das Musikleben und seine Traditionen kann
sich das kulturelle Selbstbewußtseins nach 1918 schließlich auf-
richten. In Besinnung auf die glänzende Vergangenheit wird das
kulturelle Erbe als nationale Bedeutung Österreichs betont. Die
Selbstbesinnung der jungen Republik erhält daher öfter rück-
blickend-erinnernde Züge, und auch das Schaffen der musikalisch
Konservativen ist in diesem Licht zu sehen. Avantgarde wird in
diesem Licht zur gefährlichen Haltung für Österreichs Selbstbe-
wußtsein, weshalb aus der vor 1918 einander erwiesenen Achtung
von Moderne und Neuromantik die polemische Hetze verfeindeter
Gruppierungen wird.
Die Verschiedenheit der kulturellen Anschauung kann als Spiegel
unterschiedlicher Vergangenheitsbewältigung genommen werden. In
Einzelfällen treffen sich aber die verschiedenen ästhetischen Stand-
punkte, etwa im Fall der Bestrebungen um alte Musik: Sie wird in
den 20er Jahren mit einer Vielzahl von Aufführungen wiederer-
weckt, wobei im Unterschied zu ähnlichen Bestrebungen im 19.
Jahrhundert unter dem Begriff *Gotik* bzw. *Mittelalter* die Epochen
vor dem 17. Jahrhundert im Mittelpunkt des Interesses stehen. Einerseits ist dies aus der Auseinandersetzung mit dem kulturellen Erbe
und dem Bestreben verständlich, zur Bildung österreichischen
Selbstbewußtseins eine möglichst lange musikalische Tradition

nachzuweisen, andererseits wird alte Musik als strukturell verwandt mit zeitgenössischem, avantgardistischem Komponieren begriffen und dient als historischer Rückhalt für jene Komponisten, die mit der musikalischen Tradition des 18./19. Jahrhunderts gebrochen haben. Für das gehobene Publikum gibt es *Philharmonische Konzerte* und die *Gesellschaftskonzerte Musikverein*, andrerseits ist seit der Jahrhundertwende eine starke Tendenz feststellbar, Konzerte für breitere Publikumsschichten zu veranstalten. Zuvor war Kunstmusik nur in Restaurantgärten allgemein zugänglich, wenn Militärkapellen oder Zivilorchester konzertieren, meist Ouvertüren und Opernpotpourris. Nun wurden neue Orchester gegründet, die den Konzertbetrieb bereicherten: Um 1900 entstand der *Wiener Konzertverein*, dessen Orchester eine rege Tätigkeit entfaltete - zwei Abonnementzyklen, populäre Konzerte, Konzert-Reisen; es gab *Novitäten-Konzerte, Nachmittagskonzerte für Mittelschüler* und *Arbeiter-Sinfoniekonzerte* (seit 1905). Im Jahr 1907 entstand ein weiteres Berufsorchester, das *Wiener Tonkünstlerorchester,* dessen Hauptdirigent bis 1919 Oskar Nedbal war, es veranstaltete ebenfalls zwei Abonnementzyklen und populäre Konzerte. Auch die *Gesellschaft der Musikfreunde* veranstaltete eine Reihe von *Volkskonzerten*, die oft in Bezirksämtern stattfanden. 1904 eröffnete das Kaiser-Jubiläums-Stadttheater die Saison unter dem Namen *Volksoper* und spielte ab 1913 auch Opern von Richard Wagner, weil deren Schutzfrist nun abgelaufen und sie tantiemenfrei geworden waren. In diesem Jahr wurde als zweite wesentliche Aufführungsstätte das *Wiener Konzerthaus* eröffnet, das vor allem bürgerliches Standesbewußtsein repräsentierte. Es enthält neben Konzertsälen auch ein in drei Stockwerken untergebrachtes Nobelrestaurant, Räume für Soireen und Redouten, eine eigene Blumenbinderei und zwei Salons für die „Bequemlichkeit der Herren Musikreferenten". Am Ende der Monarchie gab es somit in Wien drei große Orchester und zwei große Chorgesellschaften, die in zwei großen Konzerthäusern mit sechs Sälen auftreten konnten, und es gab zwei Opernhäuser mit bedeutendem Betrieb. Daneben existierte eine Vielzahl kleinerer Säle und zahlreiche *Cabarets* und *Etablissements* als populäre Aufführungsorte. Es entwickelt sich ein ungeheuer reiches, vielfältiges Angebot an Veranstaltungen, wobei auch die vielen Vereine, die als Veranstalter oder gar als Gestalter von musikalischen Veranstaltungen auftreten, eine wichtige Rolle spielen. Es bildet sich eine große, volkstümliche Gesellschaft um die großbürgerlich-feudale, der bisher Kunstgenuß vorbehalten gewesen war. Die unter internationaler Beteiligung und Beachtung abgehaltene Haydn-Zentenarfeier 1909 und ein weiteres Musikfest 1912 manifestieren das musikalische Interesse der damaligen Gesellschaft ebenso wie die große publizistische Resonanz des Musiklebens, die sich in ausführlichen Berichten in Fachpresse und Tageszeitungen nachlesen läßt.

Der Weltkrieg zerstört alle diese hoffnungsvollen Bestrebungen. Patriotische Veranstaltungen haben Vorrang, der Konzertbetrieb zerfällt - aus Kohlenmangel, und weil viele Musiker an die Front berufen werden. Nach Zusammenbruch der Monarchie ändert sich die Situation grundlegend. Das System privater, großbürgerlicher Unterstützung verschwindet, die staatliche Subvention tritt an ihre Stelle. Berufsmusiker und Amateur scheiden sich zunehmend. 1919 wird der *Wiener Concertverein* mit dem *Wiener Tonkünstlerorchester* fusioniert und tritt ab 1921 unter der Bezeichnung *Wiener-Sinfonie-Orchester* auf, seit 1933 als *Wiener Symphoniker*. Die Einführung von Radiosendungen - Gründung der RAVAG 1924 - führt zu einer Demokratisierung des Musikgenusses in unvorstellbarem Ausmaß, die Ravag tritt auch als Veranstalter auf. So wird der Festakt der Bundesregierung zum 100. Todestag Schuberts 1928 von der RAVAG übertragen und in 45 Länder ausgestrahlt. Der Programmaustausch mitteleuropäischer Radiostationen wird 1929 zur regelmäßigen Einrichtung, im November 1931 wird ein *Europäisches Konzert* unter Lehár von der RAVAG ausgestrahlt und von 113 Sendern in die ganze Welt übertragen. Vereine spielen weiterhin eine wesentliche Rolle im Musikleben, sowohl als Träger von Veranstaltungen wie auch als Gemeinschaften der Musikpflege. Die große Popularität solcher Aktivitäten wird anläßlich repräsentativer Großveranstaltungen deutlich - 1928 versammelt das *Deutsche Sängerbundfest* mehr als 20.000 Teilnehmer im Prater, und die RAVAG überträgt aus einem Veranstaltungszelt mit Platz für 50.000 Menschen sämtliche Konzerte auch über die deutschen Sender. Eine wichtige Rolle spielt dabei auch die seit ca. 1860 bestehende Arbeitersänger-Bewegung. Sie wird in den zwanziger Jahren reorganisiert und erlebt ihren Höhepunkt. Zum 200. Arbeiter-Symphoniekonzert 1926 führen der *Singverein der Kunststelle,* die *Freie Typographia* und der Kinderchor der *Freien Schule Kinderfreunde* Gustav Mahlers 8. Symphonie, die sogenannte *Symphonie der Tausend* auf, im Jahr 1927 vereint ein *Monster-Mandolinen-Konzert* 19 Arbeiter-Mandolinen-Orchester mit ca. 500 Mitgliedern. Zur Feier *60 Jahre Lied der Arbeit* im August 1928 singen mehr als 5000 Sänger aus 103 Vereinen im Praterstadion, zur Republikfeier im November desselben Jahres führen 350 Arbeiter-Sänger Schönbergs *Friede auf Erden* und Mahlers 2. Symphonie auf.

Der Begriff *Musikstadt Wien* spielt eine wesentliche Rolle als Topos kultureller Selbstfindung. Dessen öffentliche Manifestation erfolgt durch die regelmäßige Veranstaltung von Musikfesten: 1920 werden *Meisteraufführungen Wiener Musik* veranstaltet, 1924 das *Musik- und Theaterfest der Stadt Wien,* 1928 bis 1936 finden unter Leitung von Max Graf alljährlich im Mai *Wiener Musikfeste* statt, Komponistenjubiläen - Beethoven 1927, Schubert 1928, Brahms 1933 - bilden den Anlaß weiterer kultureller Großereignisse, die auch internationale Beachtung finden, und eröffnen eine über die vierziger Jahre hinaus bis heute geübte Praxis. Auch die Verleihung von Kunstpreisen - z.B. erhalten 1924 Alban Berg und Anton von Webern den mit 10.000 Schilling dotierten Musikpreis der Stadt Wien - fördert den angestrebten Ruf. In Salzburg beginnt 1920 mit einer Inszenierung des *Jedermann* die Geschichte der Salzburger Festspiele. 1922 findet ein modernes Musikfest statt, bei dem die IGNM gegründet wird, deren österreichische Sektion als *Verein für Neue Musik* aktiv wurde und bei den Verbandsfesten viele wichtige Uraufführungen ermöglichte. 1926 findet in Salzburg das Sängerbundesfest statt. 1930 werden hier musikalische Sommerkurse in großem Stil veranstaltet.

Neben der *Musikakademie* (1908/09 vom Staat übernommen) gibt es zahlreiche Privatlehranstalten, von denen einige jahrzehntelang bestehen und auch erstaunliche Größe erreichen: So hat das 1912 in

Nachfolge einer seit 1909 mit 30 Lehrern bestehenden privaten Musikschule als Verein gegründete *Neue Wiener Konservatorium* bis 1928 immerhin 132 Lehrer, die ca. 1000 Schüler unterrichten. Einer dieser Lehrer war es auch, der gebeten wurde, die Stimme des jungen Erich Kunz zu prüfen, um eine etwaige Sängerausbildung in Erwägung zu ziehen - doch davon später. Neben den üblichen Instrumental- und Gesangsmeisterklassen gab es in dieser Schule beispielsweise 1928 auch einen *Tanz- und Fechtkurs,* eine *Kinderabteilung,* eine *Musikhistorische Abteilung,* eine *Operettenabteilung* und eine *Jazz-Kapelle.* Die Geschichte dieser blühenden Institution endet abrupt mit der Machtübernahme der Nationalsozialisten und ist heute kaum mehr zu dokumentieren. Eine seit Beginn des Jahrhunderts bestehende, namhafte private Musikschule war auch die Schule *Lutwak-Patonay,* deren *Tonfilm-Seminar* Erich Kunz offenbar besucht hat, der „als Schauspieler wie vor allem als Bariton zu schönsten Hoffnungen einer künftigen österreichischen Tonfilmproduktion berechtigt", wie anläßlich einer Prüfung in der Zeitung zu lesen war.

Spätestens seit der Direktionszeit Gustav Mahlers 1897 - 1907, der mit beispielhaften Muster-Aufführungen von großer Perfektion „goldene Jahre" gebracht hatte, steht die Wiener Oper im Mittelpunkt des öffentlichen Interesses. 1907-1911 amtiert Felix von Weingartner als Hofoperndirektor und wird ständig mit seinem Vorgänger Mahler verglichen. Der Nachfolger Weingartners wird Hans Gregor, ein Managertyp, bei dem die Regie der Aufführungen große Bedeutung erlangt, Intrigen und Agentenwesen zunehmen. Die Probleme des Kriegsausbruches treffen auch den Opernbetrieb, doch der von Richard Strauss geschätzte Direktor bringt dennoch bedeutende Erstaufführungen heraus - *Der Rosenkavalier,* die sogenannte Wiener Fassung von *Ariadne auf Naxos* und die vielbeachtete Wiener Erstaufführung des *Parsifal.* Kurz vor 1918 wird Franz Schalk mit der Leitung des Opernhauses betraut.
Ab 1904 wird auch die *Volksoper* eine für die Aufführung von Musiktheater wichtige Institution. Als Kapellmeister wirkten hier u.a. Alexander Zemlinsky, Heinrich Jalowetz, kurz auch Franz

Schreker, und besonders erfolgreich Oskar Nedbal. Daneben gibt
es auch einige Privattheater, die sich der Operette verschrieben haben - so das *Theater an der Wien,* das *Carltheater,* das *Wiener Bür-
gertheater.* Die Spielplangestaltung der Staatsoper macht in den
Jahren der I. Republik die Betonung des „österreichischen" deutlich, die Direktionen bemühen sich um Aufführung zeitgenössischer österreichischer Opern - 1927 *Jonny spielt auf,* 1930 *Wo-
zzeck,* 1931 *Die Bacchantinnen -,* wobei aber nach 1933 immer
stärker konservative, kassenkräftige Zugstücke eingesetzt werden -
1934 *Giuditta* von Franz Lehár anstatt *Karl V.* von Ernst Krenek

> Vor allem sollte nach Meinung und dem Willen sämtli-
> cher österreichischer Kulturkreise die Wiener Oper im
> großen Stil weitergeführt werden. Sie hatte den Kultur-
> willen Österreichs der ganzen Welt zu verkünden.
> (Max Graf: Legende einer Musikstadt)

Franz Schalk vertritt die Wiener Tradition, Richard Strauss reprä-
sentiert die moderne Zeit und ist eng mit Wien verbunden, vor allem durch seine Zusammenarbeit mit Hugo von Hofmannsthal.
Felix von Weingartner übernimmt 1919-1924 die Leitung der
Volksoper. Die Operette, deren Zentrum allerdings Mitte der Zwanzigerjahre in Berlin zu finden ist, übt vor allem nostalgische Verklärung der Vergangenheit, z.B. der Welterfolg *Dreimäderlhaus*
1916; *Die Gold'ne Meisterin* 1927. Franz Lehár schreibt „große
Operette", die eigentlich nach der Oper schielt: 1925 *Paganini,*
1929 *Land des Lächelns,* 1934, wie erwähnt, *Giuditta.* Wien wird
wieder zu einem Zentrum der Operette, wobei die neuen Medien
auch für die Verbreitung dieser Massenkunst wichtig sind.

Erich Kunz allerdings war an dem von seiner Familie eröffneten Zugang zur Kunst nicht interessiert. Er ging nicht mit. Weder zu den Konzerten noch ins Burgtheater oder in die Oper, er fand nichts daran. Das war die Meinung der Familie. Er selbst aber erzählt von unvergesslichen Abenden in der Oper, wenn er am Stehplatz seinen Idolen Alfred Piccaver oder Alfred Jerger lauschte, unvergesslichen Abenden, die er ganz für sich alleine genoß, ganz im geheimen. Wenn man ihm damals prophezeit hätte, er werde einmal ganze Generationen in die Oper locken, - es wäre interessant gewesen, was der damals schon sehr witzige junge Mann dazu gesagt hätte. Witzig und unterhaltsam, das war er. Einmal im Jahr, zu ihrem Geburtstag, durfte Schwester Irmgard ihre Freundinnen einladen, und jede dieser jungen Damen bestand darauf, daß auch Erich bei diesen Zusammenkünften dabei sein müsse.

Erich schien eher ein gewisses technisches Interesse gehabt zu haben. Seine Schwester hatte einen Freund, „Flirt" hieß das damals, und wenn dieser die Schwester besuchen durfte, endete der Besuch damit, daß dieser „Flirt" mit Erich zusammen Radioapparate bastelte und sich danach verabschiedete. Die drei gebastelten Radioapparate waren für drei schwerhörige Familienmitglieder geplant, darunter war auch Vater Kunz, dessen Schwerhörigkeit der Grund für ihn war, sich immer mehr zurückzuziehen. Das technische Interesse Erichs konzentrierte sich aber bald auf allerlei Fahrzeuge, erst auf sein Fahrrad, später auf sein Motorrad und schließlich auf seine vielen Autos. Eine Leidenschaft, die er mit Karajan teilte, der ihn aber nicht aus diesem Grund schätzte, sondern ihn als einen der größten Sängerdarsteller sah und dies auch öffentlich bestätigte.

Auch Herbert von Karajan, der dafür bekannt war, immer konzentriert und ernst bei der Arbeit zu sein, ist den Späßen von Erich Kunz nicht entgangen, wenn auch sozusagen in umgekehrter Hinsicht: Es war einmal bei einer *Fledermaus*, im 3. Akt pflegte sich Erich an der brennenden Kerze eine Zigarre an-

Das erste Motorrad, 1929

zuzünden, dann die Kerze auszublasen, allerdings so, daß er vorbeiblies, um dann die Siphonflasche zu holen und von weitem die Kerze mit einem gezielten Strahl auszulöschen, was immer wieder große Lacher im Publikum hervorrief und meistens auch Szenenapplaus. Eimal aber hat er die Kerze sofort ausgeblasen, sie erlosch, und der Gag mit der Siphonflasche konnte nicht stattfinden. Daher herrschte Totenstille im Publikum, Herbert Karajan aber lachte laut an seinem Pult.

Seine sportliche Betätigung beschränkte sich auf Skifahren im Wienerwald, eine Sportart, die er, der jüngere, auch seiner Schwester Irmgard beibrachte, und er soll damals sehr geschwind gewesen sein. Auch in der Schule, vielleicht nicht grad beim Lernen. Sein Klassenvorstand erzählte anläßlich eines Sprechtages der entsetzten Mutter, daß er Erich durch eine spiegelnde Fensterscheibe beobachtete und sah, wie dieser ihm, dem Lehrer, des öfteren die „lange Nase" zeigte. Aber so oft sich der Lehrer blitzschnell umdrehte, um den Schüler bei seinem frevelhaften Tun zu ertappen, saß dieser schon wieder ruhig auf seinem Platz und sah aus, als hätte er kein Wässerchen getrübt, ja als wisse er nicht einmal, wie man das mache. Damals schon pflegte er Leute zu imitieren, aber niemand in der Familie, am wenigsten er selbst, hätte das als schauspielerische Naturanlage gesehen. Der Beruf des Schauspielers, des Sängers wurde nicht einmal in Erwägung gezogen, obwohl eine Tante namens Herminchen die wertvolle Naturstimme angeblich damals schon erkannt hatte.

Als Erich Kunz einmal im Gobelinsaal der Wiener Staatsoper ein Interview gab, schilderte er seine zufällig begonnene Sängerkarriere, die weder von ihm noch von seiner Familie geahnt oder geplant war. Für ihn war schon ein beruflicher Höhepunkt, daß er die Matura schaffte, gerechnet hatte er nicht damit. Und das Studium an der Hochschule für Welthandel war für Erich Kunz zwar eine von der Mutter favorisierte Ausbildung, sein Sinn jedoch stand nicht danach, für ihn war es – fad. Bald aber wurde er von diesem Studium erlöst, denn einer seiner Lehrer, der nachmalige österreichische Finanzminister Dr. Kamitz, erkannte, daß Erichs Begabung auf dem Gebiet des Welthandels mehr als unterentwickelt war. Dieses Wissen des Lehrers drückte sich so lange in schlechten Noten aus, bis auch die Mutter einsah, daß mit Erich etwas geschehen müsse. Es fügte sich, daß seine Mutter eine ausgezeichnete Bridgespielerin war, die in den diversen Bridgesalons für Erich geschäftliche Verbindungen zu knüpfen verstand. So brachte sie ihn erst einmal zu einem Schwager, der die Vertretung der berühmten Maybach-Kraftwagen innehatte - die spätere Leidenschaft von Erich Kunz für rassige Autos könnte hier ihre Ursache haben -, und dann in ein Dentaldepot, bei dem er Bohrer und Zähne an diverse Zahnärzte liefern und verkaufen sollte. Keine interessante Lebensstellung, die aber sowieso endete, als der Besitzer der Zahnfirma starb. Das Positive an dieser Stellung war, daß Erich ein Motorrad erwarb, um die Auslieferung der Zahnersatzteile schneller als mit der Straßenbahn bewerkstelligen zu können. Verhältnismäßig billig war das Vehikel auch, weil seine Tante Leonie in Nachfolge ihres verstorbenen Mannes neben den Maybach-Autos eine Motorradvertretung hatte und dadurch nur der Selbstkostenpreis zu zahlen war. Da er dieses Motorrad nach einem Jahr zu diesem selben Preis verkaufte, hatte er quasi die Gelegenheit, ein Jahr lang gratis dieses Gefährt zu benützen und damit sein Tagespensum bis Mittag zu erledigen. Durch weitere Bridgevermittlungen kam Erich Kunz erst zu einer Metallwarenfabrik und später zu einer Firma, die Scharniere verkaufte, wo er es immerhin schon zum Prokuristen brachte und die Besitzerin des Firma, Frau Weinrank, sogar daran dachte, daß Erich diese Firma einst leiten würde - sie war dann sehr enttäuscht, als

Erich die Laufbahn des Sängers der Firmenleitung vorzog. Allerdings hätte dieses Dienstverhältnis sowieso spätestens dann geendet, als der Weinrank´sche Schwiegersohn glaubte, ohne Erich Kunz auskommen zu können, und die Prokura selbst übernahm. Vielleicht hätte sich ein weiteres Bridgespiel ereignen müssen, durch das Erich in einer weiteren Firma etwa gar Generaldirektor geworden wäre, wäre da nicht jedes Jahr die Sommerfrische in Seewalchen am Attersee gewesen. Dieses Dörfchen des Salzkammergutes mit dem für diese Gegend so traditionellen Regenwetter sollte endlich den Anstoß zum eigentlichen Beruf von Erich Kunz geben.

Wer jemals verregnete Ferien im Salzkammergut erlebt hat, weiß um die geringen Unterhaltungsmöglichkeiten an einem kleinen See, und das noch dazu Ende der Zwanzigerjahre, die sich am Attersee sicherlich nicht als die berühmten „goldenen Zwanziger" etabliert hatten. Was machen nun junge Leute, die mit ihren Familien im Sommer dazu verurteilt sind, in einem Regennest nichts zu tun zu finden? Normalerweise und heute sicher Unfug, ausnahmsweise und damals suchten sich die jungen Leute eine künstlerische Betätigung. Sie spielten eine Oper, ein Pianist war da, genügend Sänger fanden sich auch, die schlechteren Sänger mußten schon im ersten Akt sterben, die besseren durften weitersingen. Heute erstaunt es sicherlich nicht, daß bei den „überlebenden", besser singenden jungen Künstlern Erich Kunz übrig blieb. Damals staunte sowohl der junge Sänger als auch die Mutter, als eine Dame im Publikum ihnen eröffnete, daß der junge Erich ja Gold in der Kehle hätte. Nun hatte das Wort „Gold" in den auslaufenden Zwanzigerjahren einen besonders mystischen Klang, und nach dem Besuch bei einem alten Gesangslehrer, dem 1932 verstorbenen Filip Forstén, einem damals namhaften finnischen Bariton, der nach Prüfung von Erichs Stimme ebenfalls goldige Worte des Beifalls fand, dachten Mutter und Sohn also daran, diesen Goldschatz zu heben. Ein Gesangslehrer mußte her, Herr Forstén entschuldigte sich mit seinem hohen Alter, und man kam auf den damals berühmten Dr. Theo Lierhammer. Das war ein Glück, denn schon damals gab es viele Gesangslehrer, die diesen Namen wirklich nicht verdienten, wenn auch nicht so viele, wie leider heute unter dieser Berufsbezeichnung herumschwirren und dabei viele schöne Naturstimmen für immer unbrauchbar machen.

Wenn man Erich Kunz zuhört, spürt man immer die gesunde, selbstverständliche, natürliche Art des Singens. Und die Qualität seiner Technik und die seines Lehrers bemerkt man, weil man sie eben während des Singens nicht merkt, weil sie nicht vordergründig bemerkbar ist. Es ist schwer, einen guten Gesangslehrer zu beschreiben, bei schlechteren hat man es leichter, wahrscheinlich weil es schlechte immer wieder in großer Zahl gibt. In einem einschlägigen Buch steht der wunderschöne Satz, der für Gesangslehrer immer gegolten hat und auch heute seine Berechtigung hat:

„Ein berühmter Sänger, der mit seiner schönen Stimme auch richtig singt, erhält sich diese bis ins Alter und hat dann nicht nötig, Lehrer zu werden, wenn ihn wahre Berufung nicht schon in jungen Jahren dazu machte."

Daher sollte man sich vielleicht doch gerade jetzt überlegen, welche Arten von gefährlichen Lehrern es gibt und welches Glück Erich Kunz hatte, einen seriösen Lehrer zu finden. Einen Lehrer, der erkannte, daß man mit dieser wunderbaren Naturstimme sehr vorsichtig umgehen muß, daß man nur behutsam in die ohnehin richtigen Fahrbahnen eingreifen und die natürlichen Anlagen ja nicht verändern darf. Und da man einen Lehrer der Vergangenheit ja nur durch seine Schüler beurteilen kann, muß man gerade an dieser Stelle die unvergeßliche Ljuba Welitsch nennen, die ebenfalls bei Dr. Theo Lierhammer ihr Gesangstudium absolvierte und die sich ihres Lehrers und natürlich auch ihres Kollegen Erich Kunz immer gern erinnert.

Mit Dr. Lierhammer (ganz rechts), Seefeld, im Sommer 1936

ÜBER GESANGSLEHRER

Es gibt die verschiedenen Typen von Gesangslehrern, denen man in die Hände fallen kann, die oftmals mehr zerstören als aufbauen. Man darf nicht vergessen, daß es viele berühmte Sänger gibt, die eine so wunderschöne Stimme haben, daß nicht einmal ihre oft nur mittelmäßige Technik das Publikum hindern kann, ihren Wohlklang zu verehren und zu bewundern. Wobei ich gar nicht daran erinnern will, daß gewisse Sänger mit mittelmäßiger Technik auch keine überragende Stimme haben und trotzdem durch irgendwelche Umstände, durch eigenartige Protektionen, sich einen Namen machen. Oft genügt dieser Name, genügt die Tatsache, daß man einige Zeit auf irgendwelchen Spielplänen regelmäßig aufscheint, um bereits die Grundlage einer Gesangslehrerkarriere zu haben. Ohne den Nachweis irgendeines theoretischen Wissens um den Gesang, ohne irgend eine pädagogische Fähigkeit kann nun so ein Sänger einfach ein Schild „Gesangslehrer" an seinem Haus anbringen und - wenn Sängerschüler sich diesen zumeist teuren Meister leisten können - in Zukunft aus Tenören Bässe und aus Koloratursopranen Mezzosoprane machen. Niemand wird ihn daran hindern, und bis sich herumgesprochen hat, daß er mehr verdirbt als fördert, ist es sowieso schon Zeit für diesen „Meister", sich endgültig mit dem Ruhestand abzufinden.

Obwohl, wie man von Torberg weiß, Gott abhüten möge vor allem, was noch ein Glück ist, ist es doch noch ein solches, gerät man an einen Lehrer, der sich wenigstens einen Teil seiner Stimme erhalten hat. Denn wenn er dann seine ihm noch erinnerlichen Gesangsübungen aus dem Gedächtnis kramt und sie in einer Lage, in der er sich noch wohlfühlt, dem jungen Schüler vorsingt, kann es sich sogar ergeben, daß ein akustisch begabter Schüler davon profitiert. Sehr oft aber gibt dieser Meister zu durchaus richtig vorgesungenen Übungen falsche theoretische Unterweisungen. Und so imitiert der begabte Schüler die Stimme des Meisters mit allen Unarten und Fehlern, ohne eine Ahnung von der richtigen Funktion zu bekommen. Der gute Lehrer muß ja ebenfalls imitieren können, das heißt, er muß dem Schüler oft seine Fehler nach- bzw. vorsingen können, weil der junge Sänger durch die Übertreibung des Lehrers umso eher auf seine Fehler aufmerksam gemacht wird. Und der wirklich gute Sänger ist meist auch ein ganz guter Parodist und Imitator. Die diesbezügliche Meisterschaft von Erich Kunz zeigen etliche Anekdoten, die auch noch den Vorzug haben, wahr zu sein:

> Eines der bevorzugten Imitationsobjekte war Dr. Karl Böhm, den Erich Kunz so täuschend nachzumachen verstand, daß die Täuschung sogar bei Telefongesprächen mit der Frau des Dirigenten nicht zu durchschauen war. Walter Berry erzählte mir einmal die Geschichte einer *Don Giovanni*-Probe, bei der Dr. Böhm den Berry-Masetto immer wieder ermahnte, nicht dauernd zu reden, das würde die Probe stören. Nun war Walter Berry sich aber wirklich keiner Schuld bewußt, und teilte das nach der Probe dem Dirigenten mit. Der meinte: „Ich weiß ja, es war der Kunz, aber dem sag ich nichts, sonst macht er mich wieder nach."

Hans Duhan, 1951

Unter den Lehrern gibt es viele, die sich gar nicht lange mit Stimm-übungen und sogenannter Stimmbildung auseinandersetzen, son-dern sehr bald zum „Erarbeiten" des Repertoires schreiten. Das heißt aber nur, daß ein geeigneter Korrepetitor mit dem Schüler Partien einstudiert, ehe sich noch herausgestellt hat, ob diese Parti-en überhaupt jemals zum Repertoire und zur Stimme dieses Schülers passen werden. Der Meister kontrolliert nun, wie weit der Schüler die meist viel zu schweren Partien noch nicht zu ersingen vermag, singt hie und da eine Phrase vor, wenn er sie noch kann, wenn nicht, wird er zumindest dem Schüler erzählen, wie gut er diese Phrase dereinst gesungen hat, was nur in den seltensten Fäl-len nachgeprüft werden kann.

Und da gibt es die Modelehrer. Mit irgend einer Methode, die gera-de zufällig zu einer bestimmten Stimme so weit paßte, daß sie, die Methode, sie, die Stimme, nicht verderben konnte, entstand ein guter Sänger. Dieser macht auch noch Karriere, und die berufliche Laufbahn des Lehrers ist, verbunden mit dem Namen dieses Stars, glänzend vorbereitet. Unzählige schöne Stimmen kommen nun, um ebenso berühmt zu werden, wie der einzige Star unter den Schülern dieses Meisters. Nur geht das nicht, da ja dieser eine Star meistens mit einer wunderbaren Naturstimme ausgestattet war, welche die-sen oder einen anderen Lehrer wahrscheinlich gar nicht gebraucht hätte. Kunz hatte diese Naturstimme sehr wohl, und sein Meister mußte die Funktionen nur mehr bewußt machen und das an sich edle Material noch mehr abrunden und veredeln. Er konnte, dank der Lierhammerschen Technik, schon als junger Sänger nicht nur die Baßbuffopartien singen, sondern auch das italienische Fach, wie, später in Troppau, den Paolo in *Simone Boccanegra*.

Geradezu gefährlich sind jene Gesangslehrer, die ihre Stimme wohl auf der Bühne erprobten, sie aber infolge technischer Mängel ver-loren und nun nichts anderes mehr machen können, als Unterricht zu geben, denn überleben müssen sie irgendwie. Sie überzeugen den Schüler, daß nur eine Naturkatastrophe sie zwang, auf dem Höhepunkt der Karriere umsatteln zu müssen, und daß ein Lehrer gar nicht vorsingen können müsse, man könne ja alles erklären. Wobei sie vergessen zu erwähnen, daß gerade am Anfang die akustische Imitation überaus hilfreich ist, dem guten Schüler des guten Lehrers eine Ahnung von der Tonbildung zu geben. Aber selbst bei einer Stimme, die nicht die natürliche Höhenbegabung von Erich Kunz hat, ist es durchaus wichtig, das Stadium des Vor- und Nachsingens zu verlassen. Erich Kunz sang im ersten Jahr vom baritonalen Besenbinder in *Hänsel und Gretel* bis zum tiefen Baß Kezal in der *Verkauften Braut* alles, ohne durch dieses überaus erweiterte Fach seine Technik und seine Stimme zu überfordern. Wieder ein Beweis für seine und seines Lehrers Meisterschaft.

Es gibt da noch die unzähligen Assistenten eines wirklich guten Lehrers. Jeder von ihnen hat als einziger die Methode des Meisters mitbekommen, und nach dieser Schablone, mehr ist es nicht, versuchen sie nun, herangelockte Schüler zu unterrichten. Sie sind auch nie mehr davon abzubringen, diese eine Methode immer wieder anzuwenden, und ruinieren schöne Stimmen sonder Zahl. Über die „Methoden" hat sich ja schon Offenbach in seinen Erzählungen des Herrn Hoffmann lustig gemacht. Sie kennen sicherlich die diesbezügliche Arie des Dieners Franz.

Besonders krasse „Methoden" werden immer wieder erzählt und sorgen für Heiterkeit, die berechtigt wäre, handelte es sich nur um Anekdoten. Meistens aber sind diese Geschichten gefährlich wahr. Ein Gesangslehrer propagierte die These, daß ein Sänger keine Suppe essen dürfe, weil dies die Lunge verklebe. Das ist wenigstens nicht gefährlich, sondern nur dumm.

Wie unterrichtete nun Theo Lierhammer, was taten er und seine guten Kollegen, um eine ungeschulte Stimme aufzubauen, das technische Rüstzeug zu vermitteln, das einen Sänger befähigt, auch in mühsameren, verkühlten Zeiten oder in Perioden, in denen man sich nicht so wohlfühlt, trotzdem eine anständige sängerische Leistung auf die Bühne zu bringen? Leo Slezak pflegte zu sagen, daß man wirklich gut bei Stimme höchstens 5 oder 6 Mal pro Jahr wäre. Leider hätte man an diesen Tagen keine Vorstellungen.

Vielleicht genügt es, den Leser anzuregen, sich die Stimmen der heute alten Sänger auf noch vorhandenen Tonträgern anzuhören. Neben dem Rauschen der alten Schallplatten ist immer noch die berühmte Stimme zu erahnen, und die neuen Überspielungen der alten Platten zeigen sehr oft die wunderbare Technik der Sänger, die das Singen wirklich noch gelernt hatten. Von Erich Kunz gibt es herrliche Aufnahmen, die schon mit allen technischen Finessen seine Meisterschaft wiedergeben und die dem am Gesang interessierten, eventuell ein wenig vorbelasteten Hörer auch die gesunde Technik der damaligen Zeit nahebringen. Es gibt auch heute keine andere Technik als jene, die damals gelehrt wurde: das Prinzip der Stimmführung auf der frei schwingenden Luftsäule hat sich nicht geändert und kann sich auch nicht ändern. Und dort, wo der Lehrer keine obskure „Methode" anwendet, sondern versucht, die Stimme individuell und natürlich zu entwickeln, wird auch heute noch der Erfolg bei jungen Sängern zu hören sein - falls ihnen die diversen Direktoren die Zeit lassen, ihr kostbares und heikles Instrument auch vorsichtig genug aufzubauen und reifen zu lassen. Erich Kunz zeigt von seinen frühen bis zu den letzten Aufnahmen, was und wie gut er bei Theodor Lierhammer gelernt hat. Natürlich konnten die guten Gesangslehrer sich immer schon das beste Material an Stimmen aussuchen, und selbstverständlich hatte die Stimme von Erich Kunz den notwendigen Umfang, die angeborene Fülle und die Schönheit, die der gute Lehrer zwar noch verbessern, aber durchaus nicht erschaffen kann.

Der gute Lehrer muß fähig sein, seinem Schüler die Funktionen des Singens bewußt werden zu lassen; anfangs sicherlich durch Vorsingen, um die akustische Begabung, die ein guter Sänger haben soll, zu schulen, aber auch um auf dem Umweg der Nachahmung die richtigen Funktionen anzuregen. Das heißt aber, daß der gut ausgebildete Sänger fähig sein muß, fremde Stimmen zu beurteilen, ihnen bei pädagogischer Begabung vielleicht sogar helfen zu können, wenn sie Hilfe brauchen. Bei Erich Kunz war es selbstverständlich, daß er als Juror bei den vielen Abschlußprüfungen, bei denen wir (H. P.) gemeinsam in der Jury saßen, sofort erkennen konnte, wieweit der Schüler fähig war, seine Stimme technisch richtig einzusetzen. Oft konnte er mit einem Satz umreißen, woran es fehlte, und ebenso oft konnte er in einem kurzen Gespräch mit dem jeweiligen Prüfling diesen überzeugen, was noch zu verbessern wäre, ehe man das erste Engagement suchen sollte. Seine natürliche Autorität und seine eigene Karriere, mit der er die Richtigkeit seiner Ansicht jederzeit beweisen konnte, überzeugte auch den selbstbewußtesten jungen Nachwuchskünstler von der Wahrheit der Kunz´schen Argumente.

Wenn der Leser Gelegenheit hat, sich die Aufnahme der Leporelloarie, gesungen von Erich Kunz, zu verschaffen, so kann an Hand dieser einen Arie die richtige Gesangstechnik von Theo Lierhammer ohne weiteres nachgewiesen werden. In älteren Büchern über Gesangstechnik steht irgendwo der wichtige Satz: „Gesang ist die Vereinigung von richtiger Tonführung und gut gebildeter Sprache." Das klingt so bedeutend, wie es wirklich ist. Denn die Sprache im Gesang unterscheidet sich von der reinen Deklamation nur durch die Tonführung, die die Deklamation in Zeitdauer und Klang auf verschiedenen Tonhöhen erweitert. Und oft hat man bei Erich Kunz, speziell bei der Leporelloarie, den Eindruck, als würde er den ersten Teil einfach sprechen. Jedes Wort ist zu hören und zu verstehen, noch dazu komödiantisch gefärbt, jede Pointe im Text wird als solche erzeugt, es gibt keine Phrase, die nicht genug Luft hat, weil das richtige Atmen selbstverständlich wurde.

Immer wieder haben die guten Gesangslehrer die Kunst des Singens sehr einfach beschrieben: „Singen ist: einatmen und ausatmen, und alles wegräumen, was die Freiheit der vom Zwerchfell zum Kopf gehenden Luftsäule beeinträchtigt." Das ist vielleicht der wichtigste Satz der guten Lehrer.

Der zweite Grundsatz war und ist noch heute: „Singe mit der Stimme, die du hast, und nicht mit der, die du haben möchtest." Damit käme niemand mehr in die verteufelte Lage, mit einer Buffostimme den Tristan singen zu wollen. Den von Wagner, nicht den von Flotow. Die freie Luftsäule, die unbeeinträchtigt vom Zwerchfell bis in die Resonanzen des Kopfes zu schwingen hat, hört man in der zweiten Abteilung der von Kunz gesungenen Leporelloarie. Wie die „d´s", bei einer tiefen Stimme sich schon den Höhen nähernd, völlig frei den Wohlklang erzeugen, den wir bei Erich Kunz gewohnt waren, wie diese Stimme ohne Mühe diese gar nicht leichte Arie nicht nur bewältigt, sondern sich damit spielt, alles das beweist, daß Lierhammer seinen Schülern auch beigebracht hat, zu wissen, wie man singt. Da wird der Mund nicht aufgerissen, um sich den Dimensionen des sprichwörtlichen Scheunentors zu nähern, weil ja der zu offene Mund auch den Gaumen herunterzieht, der beim Singen aber in der Höhe zu bleiben hat. Da bleibt aber auch die Zunge ruhig und entspannt, weil man sie eben nur für die Konsonanten braucht und sie nicht dazu da ist, durch obskure Rollbewegungen irgendeine Vibration zu erzeugen oder zu unterstützen. Bei Erich Kunz liegt der Kehlkopf natürlich tief, ohne hinuntergepreßt zu werden und ohne auf- und abzusteigen. Diese einfache, natürliche Art des Singens erlaubt dem Sänger erst, körperlich während des Singens alles zu tun, was für die Gestaltung einer Rolle notwendig ist. Und die Beweglichkeit von Erich Kunz auf der Bühne ist den Älteren unter uns ja immer noch vor Augen, und den Jüngeren mögen die Filme und Filmausschnitte vom *Rosenkavalier* bis zum *Graf von Luxemburg* die schauspielerische Behendigkeit des Sängers während des Singens beweisen.

WEGE EINES KAMMERSÄNGERS

Nach dieser einzig gültigen, natürlichen Art des Gesangsunterrichts wurde nun der junge Erich Kunz die nächsten 5 Jahre unterrichtet. Und es fügte sich, daß er durch die schon erwähnte Übernahme der Prokura in der Scharnierfabrik durch den Schwiegersohn der ehemaligen Besitzerin auch Zeit haben sollte, in der Akademie bei Hans Duhan in die Opernklasse einzutreten. Über den Sinn und Unsinn der Opernklassen ist viel geschrieben und noch mehr gesprochen worden, und dort, wo sich Lehrer der Studierenden annehmen, die selbst nie auf einer Bühne gestanden sind - es gibt deren leider viele -, dort ist der Sinn der Opernklasse wirklich nicht einzusehen. Aber wenn ein aktiver Sänger sich der Mühe unterzieht, den jungen Schülern mitzuteilen, was ihnen auf der Bühne zustoßen kann, was man dort macht, und viel wichtiger, was man dort nicht macht, dann ist die Opernschule überaus sinnvoll. Das Handwerk des Theaterspielens muß einfach gelernt werden, wenn die Naturbegabung des jungen Sängers nicht ausreicht. Und selbst dann gibt es gewisse Regeln, die nur durch Unterweisung zu erfahren sind und die den Gesangsstudenten später beim ersten Engagement in die Lage versetzen, trotz inferiorer Regisseure Gestalten auf die Bühne zu stellen und sie zum Leben zu erwecken. Hans Duhan war einer der Lehrer, bei dem sich der Besuch der Opernschule gelohnt hat. Duhan selbst wurde in Wien an der Musikakademie ausgebildet und debütierte ausgerechnet in Troppau, wo auch die Karriere von Erich Kunz beginnen sollte. Duhan trat dieses erste Engagement mit 20 Jahren an, Kunz erst mit 26. Allerdings kam Duhan schon nach 4 Jahren (1914) an die damalige Hofoper in Wien und blieb dort bis zum Ende seiner Bühnenlaufbahn im Jahre 1940. Seit dem Jahre 1932, also im Alter von 42 Jahren, wurde er bereits Leiter einer Opernklasse an der Wiener Akademie. Da er auch ein erstklassiger Regisseur war und Dirigieren gelernt hatte, war er für seine Schüler natürlich eine Autorität auf dem Gebiet der Oper, wie man sie heutzutage in dieser Vielseitigkeit nicht mehr finden kann. Als er 1971 starb, war die Zahl seiner berühmten Schüler kaum abzuschätzen.

In dieser Opernklasse studierte Erich Kunz bereits einige der Partien, die ihn durch seine ganze Karriere begleiten sollten. Da war erst einmal der Papageno, und wir wissen heute, daß gerade in dieser Partie Erich Kunz nach wie vor unerreicht ist. Dann waren damals auch schon der Titelheld in *Gianni Schicchi* und der Bartolo in Rossinis *Barbier von Sevilla* in seinem Repertoire. Es erschienen damals eine Reihe von Kritiken über diese Akademieaufführungen, und diese Kritiken scheinen, ohne große Veränderungen, durch die Jahrzehnte gleich geblieben zu sein. Das spricht einerseits für die sichere Auswahl des Lehrers hinsichtlich der von Kunz darzustellenden Opernfiguren, andererseits muß man auch bedenken, daß es Duhan sicherlich großen Spaß gemacht haben muß, mit Erich Kunz die Partien einzustudieren, die er selbst als Wiener Opernliebling auf der Bühne dargestellt hatte. Damals schon las man in der Zeitung über Erich Kunz:

> „Sehr beweglich und witzig Kunz als Papageno. Ein echtes Bühnentalent, mit einem angenehm klingenden, weichen Bariton behaftet." Neues Wiener Journal 13.2.1934, anläßlich einer Schüleraufführung der *Zauberflöte*
> „Da war es vor allem der Träger der Titelrolle, der längst engagierte Erich Kunz, der durch seine sensationell wirkende Spiel- und Gesangskunst den Löwenanteil des Erfolges an sich riß." Weltblatt, 1.6.1935, anläßlich einer Schüleraufführung des *Gianni Schicchi*
> „...eine große Überraschung bot Erich Kunz als Osmin. Ein so sicher studierter, von ausgesprochenem Spieltalent geführter Anfänger ist ein kleines Wunder. Auch die stimmlichen Vorzüge - der nicht allzu profunde, aber gut sitzende, sehr wohllautende, in mehr baritonalen Regionen besonders schöne Baß ließ aufhorchen - lassen diesem Engagement gerne zustimmen." Silesia, 14.10.1935, anläßlich des Debuts in einer Aufführung der *Entführung aus dem Serail* im Stadttheater Troppau

„…sehr beweglich und witzig, ein echtes Bühnentalent, angenehm klingender, weicher Bariton,ausgezeichneter Baßbariton, stimmlich und darstellerisch gleichermaßen begabt, prachtvoller Sänger, diskreter Schauspieler, sympatischer Darsteller, blühende Fülle des prächtigen Basses, wunderschönes, weiches und großes Organ, technische Vollendung seines Gesangs, erstklassige Gesangs- und Spielleistung, drastischer Witz, kultivierte Stimme, sensationell wirkende Spiel- und Gesangskunst…" Immer wieder wurden dieselben Worte verwendet, wenn in der Akademie oder in den ersten Engagements die Leistungen von Erich Kunz beschrieben wurden. Und bis heute braucht man keine anderen Beschreibungen, um irgend eine bekannte Partie dieses großen Sängers und Schauspielers zu besprechen. Er ist nun einmal einer, der von den ersten Schritten bis zur Vollendung sein Genie zeigte und es auch verstand, vom Publikum und von der Kritik richtig gesehen und eingestuft zu werden. Trotzdem schien der Beruf des Sängers noch nicht selbstverständlich für den jungen Studenten gewesen zu sein. Erich Kunz betrachtete das Studium als etwas Angenehmes und Schönes, das ihm viel Freude machte und natürlich auch viel Anerkennung schenkte. Aber immer noch war es notwendig, auch Geld zu verdienen, und da brachte ein Engagement beim Rundfunk die Entscheidung. Man zahlte ihm für die Partie des Grumio in *Der Widerspenstigen Zähmung* nicht weniger als 200 Schilling - als Quasi Prokurist in der Scharnierfirma hatte er 240 Schilling im Monat verdient. Dabei bestand der Grumio nur aus einigen wenigen Sätzen. Da schien Erich das erste Mal zu bemerken, daß man im Sängerberuf auch Geld verdienen konnte, und das war, seiner Aussage gemäß, der Anstoß, diesen Beruf auch zu ergreifen. Außerdem war da noch ein großer internationaler Sängerwettbewerb in Wien, zu dem sich Erich nicht angemeldet hatte, da man bei der Anmeldung gleich 450 Schilling zahlen mußte: die hatte er nicht. Und außerdem brauchte man schon ein gewisses Repertoire, das hatte er damals auch noch nicht. Die finanzielle Seite schien trotzdem kein Hindernis zu sein, da der von der Stimme seines Schülers überzeugte Dr. Lierhammer ohne Erichs Wissen den Betrag von 450 Schilling einfach bezahlte und plötzlich die Verständigung in die

Albertgasse kam, sich im Konzerthaus zur Vorentscheidung einzufinden. Etwas schwieriger schien die Repertoirefrage gewesen zu sein, der Lehrer Lierhammer hielt nichts von der vorzeitigen Erarbeitung eines Repertoires, ehe die Stimme noch eine gewisse Technik aufzuweisen hatte, daher gab es nur wenige Arien, die Erich Kunz vollständig singen konnte. Die Vorausscheidung wurde von Richard Mayr geleitet, der sich die einzelnen Schüler in einem kleinen Saal des Konzerthauses anhörte. Erich Kunz sang die Arie des Gremin aus dem *Eugen Onegin*, er wurde verabschiedet und meinte, damit alles hinter sich zu haben. Tatsächlich war er in die engere Wahl gekommen, sodaß der Wettbewerb für ihn weiter ging, und im Musikvereinssaal sang er vor Clemens Krauss und einer stattlichen Jury wieder einmal die Arie des Gremin aus *Eugen Onegin*. Er schien wieder gefallen zu haben, denn er kam auch noch in die weitere engere Wahl, allerdings wieder vor Clemens Krauss, der die Arie des Gremin aus *Eugen Onegin* nicht nocheinmal hören wollte, sodaß Erich Kunz trotz verschiedener Textschwierigkeiten die Figaroarie „Nun vergiß leises Flehn, süßes Kosen" bis zum Ende, wenn auch mit eigenem Text, vorgesungen hat. Immerhin hatte er damit unter 150 jungen Sängern den 7. Platz erreicht, und seine Lehrer meinten nun, es wäre Zeit für das erste Engagement, eine Meinung, die man bei Besprechungen der diversen Schülerabenden der Akademie auch schon in den Zeitungen lesen konnte.

Es hieß nun, einen Agenten zu finden, dem man seine Karriere auch anvertrauen konnte. Und da gab es in Wien den alten Starka, allerdings war damals der, den man später als alten Starka kannte, der junge Starka. Dieser Agent hatte vor allem die großen Namen der Opernbühne unter Vertrag, da hatte es nicht viel Sinn, als Anfänger sich von dieser Agentur vertreten zu lassen. Aber es gab da noch die Agentur *Hoffmann und Lanik*, die die besten Verbindungen zu den Theatern zu haben schien, die gerade für Beginner in der Provinz so wichtig waren, und für diese Agentur entschied sich schließlich auch Erich Kunz. Bald wurde er von den Managern Hoffmann und Lanik zum Vorsingen beordert, damit er in der Saison 1935/36 vielleicht schon sein erstes Engagement haben sollte. Ausgerechnet der Direktor des Stadttheaters in Troppau, der sich in

Wien schöne, neue, junge Stimmen anhören wollte, war auch da. Erich Kunz erinnert sich an diesen Direktor und beschreibt einen würdigen Herrn, dem er vorgesungen hat. Wahrscheinlich wußte er damals nicht, daß dieser würdige Herr ein Herr seines Alters war. Der Name dieses Direktors war Franz Stoss. Und es war abenteuerlich genug, wie aus dem Schauspieler Stoss der Direktor wurde. Der Grundstein zur Direktion wurde in Teplitz-Schönau gelegt, wo Franz Stoss als Schauspieler engagiert war, allerdings unter einem Direktor, der glaubte, in Teplitz-Schönau mindestens die Wiener Hofoper vor sich zu haben. Dementsprechend erlaubte er eine Probenzeit von mindestens 5 Wochen für eine Oper, wobei er ohne weiteres viele Abende das Theater geschlossen hielt, nur um probieren zu können. Daß solches in keinem Theater möglich ist, wäre es auch noch so groß, wird jeder verstehen. Das Publikum verläuft sich, das Theater geht zugrunde. Stoss war eines der Mitglieder, die das wohl erkannten und immer wieder in Versammlungen und Gesprächen mit dem Direktor auf diese Gefahren hinwiesen. Eines Tages verschwand dieser Direktor bei Nacht und Nebel, weil er durch die chaotische Art seiner Theaterleitung nicht einmal mehr die ohnehin bescheidenen Gagen zahlen konnte. Schon im nächsten Jahr allerdings ging er als administrativer Leiter nach Glyndebourne, blieb dort erfolgreiche 15 Jahre, gründete dann die Edinburgher Festspiele und wurde schließlich der beste Direktor, den die Metropolitan Opera in New York je haben sollte: Rudolf Bing. Franz Stoss, der immer wieder gesagt hatte, wie Teplitz-Schönau zu führen wäre, wurde nun von den Kollegen beim Wort genommen und zum Direktor ernannt. Und er schaffte es, die Saison zum guten Ende zu bringen, das Publikum wieder ins Theater zu locken und schließlich alle Gagen auszuzahlen. Das wiederum hörte Georg Terramare. Dieser Georg Terramare, ein Schriftsteller, der nun in Troppau Theaterdirektor werden sollte, kannte Franz Stoss vom gemeinsamen Besuch des Schottengymnasiums in Wien. Während der Monarchie war der Vater von Georg Terramare geadelt worden, der bürgerliche Name der Familie war Eisler, und das veranlaßte den Spötter Karl Kraus zu dem Eingeständnis, daß er zwar nicht der italienischen Sprache mächtig sei, aber: „Das einzige italieni-

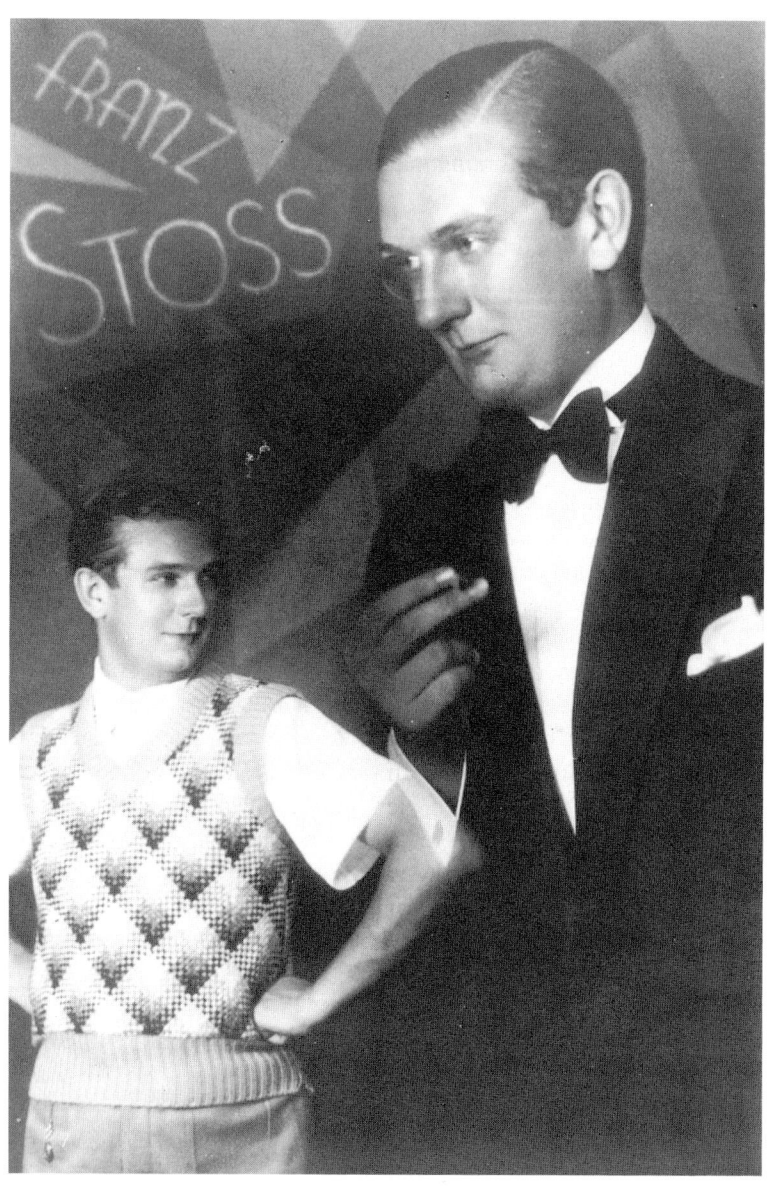

Franz Stoss

sche Wort, das ich übersetzen kann, ist Terramare. Das heißt auf deutsch: Eisler." Als nun Terramare das Troppauer Theater übernahm, versicherte er sich der Hilfe von Franz Stoss, der dabei auch die Aufgabe hatte, sich ganz besonders der Oper anzunehmen, von der Terramare wenig Ahnung hatte.

Troppau war die Hauptstadt von Österreichisch-Schlesien, das um 1930 immerhin fast dreißigtausend, vorwiegend deutsche Einwohner hatte, das 1882 erbaute Theater hatte circa 800 Plätze, und Troppau war als damaliges Provinztheater immerhin ein Reservoir von guten, jungen Sängern. Hans Hotter war zum Beispiel einer der Künstler, die ihre Karriere in Troppau im Jahre 1930 begannen. Der Dreispartenbetrieb, also der Spielplan mit Oper, Operette und Schauspiel, war auch dazu geeignet, den jungen Sängern eine gewisse Bühnentechnik zu vermitteln, denn gerade ein Anfänger hat damals überall mitmachen müssen. Gearbeitet wurde sehr viel. Erich erzählte oft, daß er, wenn er als Kezal in der *Verkauften Braut* auf der Bühne stand, in den Pausen dieser Partie schnell in den 3. Stock rannte, Aufzug gab es natürlich nicht, um dort den *Waffenschmied* zu proben, bis der Inspizient ihn wieder auf die Bühne rief, wo er seinen Kezal fortsetzte. Und diese Arbeit hat Erich Kunz sehr genossen, für ihn waren die 6 Monate, die das erste Engagement gedauert hat, schön und lehrreich. Dabei wäre es zu diesem Engagement fast nicht gekommen, der Verhinderungsgrund im letzten Moment wäre ein tierischer gewesen. Im letzten engagementfreien Sommer gab es natürlich wieder die obligate Sommerfrische am Attersee, und im Laufe dieses Urlaubs besuchte die Familie Kunz auch den kleinen Wanderzirkus des Herrn Oskar Schauberger, der am Attersee zu gastieren pflegte. Dieser Herr Schauberger hatte auch einen Bären, vorsorglich an einer 2 Meter langen Kette angehängt, aber doch so tierfreundlich, daß sich das Tier am Ufer des Attersees ein wenig bewegen konnte. Dieser von den Sommerfrischlern viel photographierte Bär sollte auch etwas zum Fressen kriegen, und Erich Kunz fütterte, wie viele andere Besucher auch, den lieben Bären mit Zucker und Keksen, die er ihm mittels eines Holzstäbchens zuwarf. Der Bär war zwar ein Zirkusartist, er konn-

Theater Troppau

Stadttheater Plauen

te aber die ihm zugedachten Kunz'schen Gaben nicht fangen, und das gefiel ihm gar nicht. Vielleicht wollte er auch nur von einem zukünftigen Opernsänger nicht gefüttert werden, jedenfalls fiel er über Erich her, der Bär und der Sänger fielen in ihrer Balgerei zu Boden, der Bär war anscheinend ein wenig stärker und biß in Erichs Oberschenkel. Zwar meinten die Zuschauer, daß der Bär mit Erich nur spielen wollte, eventuell dachte das Tier an eine Vorwegnahme einer Szene der *Verkauften Braut*, in der man Erich Kunz als Zirkusdirektor erleben durfte, aber der Atterseer Arzt Dr. Seifert mußte schließlich bemüht werden, um den Biß und die Hautabschürfungen zu behandeln. Erich kam sofort in häusliche Pflege, die Verletzungen schienen also wirklich nicht allzu arg gewesen zu sein, aber nun mußte der junge Sänger noch vor Antritt des ersten Engagements seiner Direktion in Troppau mitteilen, daß er nur blessiert kommen könne. Direktor Terramare schrieb ihm zurück, solange der Bär nicht die Kehle, sondern nur die Kniekehle beschädigt hätte, solle der junge Sänger ruhig kommen.

Die erste Partie, die man in Troppau von ihm haben wollte, war eine, die er selbst als für sich nicht geeignet empfand: der Osmin in Mozarts *Entführung aus dem Serail*. So ein tiefer, schwarzer Baß war Erich Kunz nie, und trotzdem waren alle 7 Zeitungen der Umgebung voll des Lobes über die komödiantische, musikalisch perfekte schauspielerische Leistung, und eine Zeitung schrieb: „Die Hauptrolle singt der Osmin - Herr Erich Kunz". Nicht einmal die umgehängte Tuchent konnte ihn stören, sie war allerdings sehr notwendig, um aus dem schmächtigen, dünnen Erich den feisten Aufseher des Bassa Selim zu formen. Der Jubel des Publikums war so groß, die Begeisterung der damals durchaus kompetenten Kritik so einmütig, daß sogar das Neue Wiener Abendblatt im Dezember 1935 aus den Zeitungen der Troppauer Gegend zitierte und nicht hinzuweisen vergaß, daß der junge Opernsänger ja schon mehrmals in Radio-Wien mitgewirkt hatte. Auch die Gage war bemerkenswert gut, weil sich der Agent als besonders geschickt erwiesen hatte und unter Hinweis auf einen angeblich steinreichen Vater Kunz, der nicht bereit sei, seinen Sohn unter einem gewissen Preis ziehen zu lassen, dem Debütanten dieselbe Bezahlung verschafft hatte, die auch der musikalische Leiter bekam. Im Dezember dieses Jahres hatte sich Erich Kunz bereits zum beliebten und geschätzten Ensemblemitglied emporgearbeitet, bei dem man als Besenbinder in *Hänsel und Gretel* auch noch seine schöne baritonale Höhe entdeckte. Im *Simone Boccanegra* sang er dann den Schurken Paolo, der Repela in Wolfs *Corregidor* wurde als die beste Leistung des Abends angesehen, und selbst die kleinere Partie des Soldaten in der *Salome* wurde überall extra erwähnt und gefeiert. Alles aber wurde anscheinend vom Kezal übertroffen, den Berichten in den Zeitungen nach schien überhaupt nur Erich Kunz gesungen und gespielt zu haben. Der Beifall nach seiner Arie war so stark, daß er gezwungen war, diese Arie zu wiederholen. Heute durchaus unüblich, aber auch damals schon aufsehenerregend.

Franz Stoss sorgte für einen Opernspielplan, der sich durchaus mit dem der großen Häuser messen konnte, ja ihn manchmal sogar übertraf. Seine Aufführung der Weberschen *Euryanthe* war beispielgebend gewesen, und auch moderne Opern kamen bei ihm auf den Spielplan. Erich Kunz verbrachte die meiste Zeit im Theater und lernte nun in der Praxis alles, was er von der Opernschule her noch nicht wußte. Man muß allerdings sagen, daß zum Glück der Direktion ein musikalischer Leiter da war, der für das Orchester und die Sänger ein wunderbarer Erzieher war: Leopold Ludwig. Bereits 1936 wurde er als Generalmusikdirektor nach Oldenburg berufen, und zwischen 1939 und 1945 war er der erste Kapellmeister der Wiener Staatsoper. Seine Bewunderung für den „Führer" während dieser Zeit brachte ihm einen Karriereeinschnitt nach Weltkriegsende, bald aber, als er wieder dirigieren durfte, wurde er an verantwortungsvoller Stelle in Berlin tätig, um als GMD in Hamburg sowie mit internationalen Auftritten in Los Angeles, San Francisco und an der MET in New York seine Karriere bis zu seinem Tod 1979 fortzusetzen. Diese erste Begegnung mit einem großen Musiker war für Erich Kunz sehr wertvoll, und er nützte diese Zeit, um immer wieder zu lernen. Seine Beliebtheit wurde immer größer. Obwohl deswegen die Jägerndorfer Zeitung die Direktion des Theaters beschwor, sich diesen wunderbaren Künstler wenigstens noch ein Jahr zu erhalten, war das nächste Engagement

mit dem etwas größeren und vielleicht auch bedeutenderen Stadttheater in Plauen bereits besprochen. Das mag auch ein Plan der
Agenten gewesen sein, die damals dafür sorgen mußten, daß die
Künstler von einem Theater zum andern gingen, weil sie nach einigen Jahren am selben Opernhaus keine Provisionen mehr zu zahlen
gehabt hätten. Nur bei jedem Neuengagement gab es wieder Provisionen in voller Höhe. Allerdings muß man sagen, daß die damaligen Agenten, im Gegensatz zu den heutigen, sehr wohl versuchten,
mit dem Engagementwechsel auch einen künstlerischen Aufstieg
zu verbinden. Die neu zu erobernden Theater wurden größer, be-
kannter und besser.

Größer war das Stadttheater in Plauen auf jeden Fall. Gleich um die
Hälfte, denn nach 800 Zuschauern in Troppau saßen nun 1200 im
ausverkauften Theater. Plauen hatte aber auch die doppelte Ein-
wohnerzahl von Troppau und war durch die Textilindustrie eine der
reicheren Städte im Bezirk Chemnitz. Die Zerstörung der Stadt im
2. Weltkrieg verschonte auch das Stadttheater nicht, es wurde bald
nach 1945 mit der Restaurierung begonnen, die Fassade blieb fast
gleich, ein Großteil stand ja noch, das Innere aber wurde komplett
erneuert. Für Erich Kunz begann die Saison 1936/37 in Plauen wieder mit einer Partie, die nicht zu seinem Standardrepertoire gehörte
und auch nicht mehr gehören sollte: er mußte zum Einstand in
Wagners *Rheingold* den hammerschwingenden Donner singen und
mimen. Heutzutage braucht man dazu einen hohen Bariton oder
zumindest einen Heldenbariton, Eberhard Wächter hat den Donner
gesungen, Toni Blankenheim ebenfalls, Erich Kunz konnte das als
Baßbuffo aber auch. Er selbst beschreibt die Premiere als Katastro-
phe, weil er da zum ersten Mal die Requisiten bekam, mit denen er
schon die ganze Zeit auf den Proben üben wollte. Den Riesenham-
mer versprach man ihm zur Hauptprobe, aber ebenso wie der Felsen, den er zu erklimmen hatte, erschienen diese Requisiten erst zur
Premiere. Das war in den ersten Szenen nicht so schlimm, aber gegen Schluß der Oper, bei der Gewitterbeschwörung, sollte sich das
Nichtvorhandensein des Hammers und des Felsens bei den Proben
doch noch rächen. Bei diesen Proben wurde Kunz vom Regisseur
veranlaßt, beim Beginn der Gewitterbeschwörung auf den Felsen

zu gehen, den Hammer zu schwingen und auf den Felsen loszu-
schlagen. Nun tat man bei den Proben, als ob die nötigen Dinge alle
da wären, man „markierte" das Zuschlagen und das Schwingen und
das Gehen, nur nicht das Singen. Zum Erstaunen aller war bei der
Premiere wirklich alles da. Und da ging nun Erich Kunz das erste
Mal auf jenen Felsen, von dem ihm der Regisseur erzählt hatte, er
hatte auch diesmal den versprochenen Hammer mit, den er zu
schwingen begann. Nur hatte der Regisseur zu erwähnen vergessen, daß aus dem Felsen heißer Dampf entströmte, der mit seinem
Zischen das Pianissimo der Streicher im Orchester völlig zudeckte,
Erich hörte nichts mehr und verließ sich auf sein Gefühl, das heißt,
er setzte mit „Heda, heda, hedo" dort ein, wo er meinte, es werde
schon stimmen. Dann schlug er inszenierungsgemäß mit dem
Hammer auf den Felsen. Man vergaß anscheinend auch, ihm zu erzählen, daß im Felsen ein Blitzlicht eingebaut war, das nun beim
ersten Hammerschlag zündete, was den jungen Sänger so er-
schreckte, daß er samt seinem riesigen Hammer den Felsen hinun-
terfiel.

Trotz dieses Mißgeschicks fiel seine gesangliche Leistung wiederum
den Kritikern auf, die ihm bestätigten, daß er seine Stimme mit si-
cherem Können zu behandeln versteht. Der Direktion allerdings hat
diese „fallende" Interpretation nicht gefallen, von da an wurde er
kaum mehr beschäftigt. Mittlerweile kamen Angebote aus Wien,
nicht von Theatern, sondern nur vom Rundfunk, der wieder mit
Erich Kunz Aufnahmen machen wollte, und es kam auch eine Anfra-
ge vom Opernhaus der Hauptstadt - nicht von Österreich, sondern
nur von Schlesien. Aber das war immerhin Breslau mit seiner bedeutenden und ausgezeichneten Oper. Wieder war es ein größeres Theater, diesmal schon mit über 1700 Sitzplätzen, das Ensemble war
größer, das Haus berühmter, also beschloß Erich Kunz, sich dort einmal umzuschauen. Um Urlaub bat er erst gar nicht, da er sowieso
nicht beschäftigt war. Er fuhr also nach Breslau, sang vor, wurde sofort für die nächsten drei Jahre engagiert, und das alles noch zu einer
viel höheren Gage als in Plauen, 500 Mark zahlte man ihm.

Die Plauener Direktion war nicht nur erstaunt, sondern auch erbost,
daß Erich in Breslau gewesen war, ohne davon etwas verlauten zu

lassen. Und plötzlich entdeckten die Plauener Theatergewaltigen, wie gut Erich zu verwenden wäre, und versuchten noch schnell, ihn entsprechend auszunützen. Nach dem Donner im November 1936, folgte nun im Januar 1937 der Baculus in Lortzings *Wildschütz*, eine Partie, die in Erichs Repertoire bleiben sollte und deren Gestaltung das Plauener Publikum damals schon so mitgerissen hat, wie später das verwöhnte Wiener Publikum. Hier in Plauen hat Erich Kunz erstmals auch seine Kenntnisse auf der Geige verwendet, bestaunt und bewundert von der gesamten Presse. Beim *Don Giovanni* im März stellten alle einhellig fest, daß sie einen Leporello von dieser überragenden Genialität in Plauen und Umgebung noch nicht gehört hätten. Man kann den Plauenern aus heutiger Sicht mitteilen, daß man das in Wien vom Kunz'schen Leporello bis heute sagen kann und es auch immer wieder tut.

Die gesamte Presse wünschte sich noch viele Partien von Erich Kunz, dessen Abreise nach Breslau mittlerweile bekannt geworden war, aber die Saison endete und Breslau wartete. Breslau, die Stadt mit ihren reichen gotischen und barocken Gebäuden, die allerdings im 2. Weltkrieg zu mehr als 60% zerstört wurden. Die polnische Verwaltung, unter die Breslau nach dem Krieg kam, hat allerdings schon früh begonnen, die wichtigsten Gebäude wiederherzustellen, viele der gotischen Kirchen stehen heute unter Denkmalschutz, und es gibt wieder Oper und Theater. Eine ausgezeichnete Oper gab es schon 1937/38, der ersten Saison, die Erich Kunz in Breslau verbrachte. In den drei Jahren, die er nun in Breslau engagiert war, erlernte er einen großen Teil seines Repertoires, den er immer wieder verwenden konnte. Verdis *Falstaff* gehörte dazu, der Besenbinder in *Peterchens Mondfahrt*, Erstaufführungen wie *Die Kleinstädter* von Theodor Veidl, dann wieder der Van Bett in Lortzings *Zar und Zimmermann*, und natürlich waren auch Partien darunter, die Kunz schon gesungen hatte, Bartolo im *Barbier von Sevilla*, Baculus im *Wildschütz*, Leporello im *Don Giovanni*; er trat in der *Schalkhaften Witwe* von Ermanno Wolf-Ferrari auf und in der *Pfiffigen Magd* von Julius Weismann, sein erster Mozart-*Figaro* wurde auch noch im Jahre 1938 erarbeitet. Im Jänner 1940 sang er seinen ersten Papageno, geliebt vom Breslauer Publikum, und diese Partie bezeich-

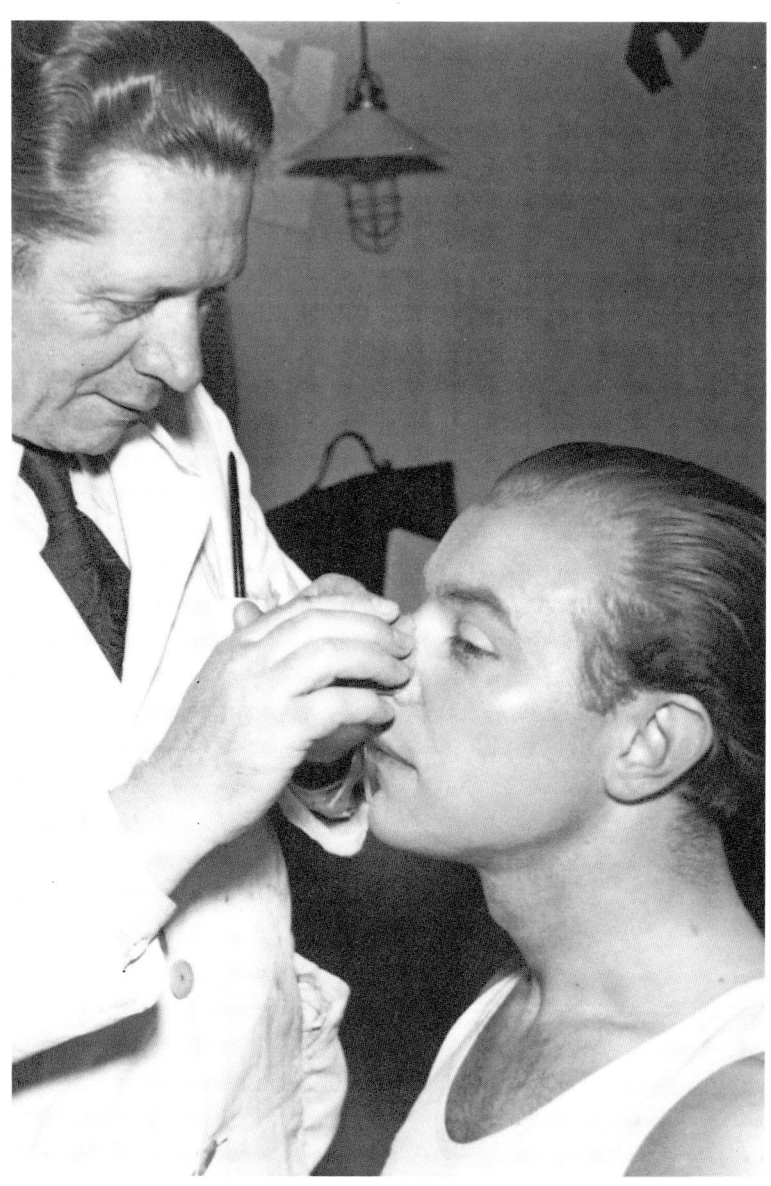

In der Garderobe des Breslauer Theaters, 1939

net er noch heute als seine Lieblingspartie, „weil sie urwienerisch ist". Er hat sie auch für alle verdorben, die ihn noch erlebt haben. Mag es auch nach ihm noch recht anständig singende Papagenos gegeben haben, diese ideale Deckung von Schauspiel und Musikerfüllung, die er mit seinem Papageno uns geschenkt hat, wird es wahrscheinlich nicht mehr geben.

> Einmal war Wilhelm Loibner Dirigent der Vorstellung. Als der Mohr Papageno Wein zur Labung bringt, lobt ihn dieser, wie im Text vorgesehen: er kostet einmal „herrlich", ein zweites Mal „himmlisch", schließlich nimmt er einen letzten Schluck, bedeutet dem Mohren, nachzuschenken und sagt verzückt: „Loibner".

> Ein andermal hat Hans Christian einen Priester gespielt, kommt aber nicht auf sein Stichwort, sodaß Papageno gezwungen ist zu improvisieren: „Kommt keiner, bin ich allein hier im Wald? Das hätte ich nicht geglaubt…" Plötzlich kommt der Ersehnte aus der ersten Gasse und spricht seinen Text „Mensch, du hättest verdient…", worauf er brüsk unterbrochen wird: „Was, ich hätte? SIE hätten verdient…!"

Nach Kriegsausbruch wurden die Sänger regelmäßig zu Waffenübungen herangezogen. Das spielte sich meistens so ab, daß die Herren des Ensembles durch einen Wald geschleift wurden, einige, sicher ungezielte, Schüsse abgaben und sich von den Offizieren erzählen ließen, wie man feindliche Minen erkennen könne. Da gab es große Betonblöcke, die mit Sprengstoff gefüllt waren, und die Sänger wurden gewarnt, sie ja nicht zu berühren, sie würden sonst explodieren und alles im weiteren Umkreis zerstören. Es fiel sowieso niemanden ein, irgend etwas Verdächtiges zu berühren, man war froh, bald wieder im Theater zu sein, um dort den Krieg wenigstens eine Weile zu vergessen.

Nun hatte Erich Kunz bei der totalen Beschäftigung im Theater offenbar nicht allzuviel Zeit, sich mit dem Krieg zu befassen, immer wieder hatte er neue Partien zu studieren und zu singen, und er fühlte sich dabei sehr wohl. Er wohnte mit einem Kollegen namens Gicinsky in einer hübschen Villa und genoß den Beifall des Breslauer Publikums, sooft er auch auftrat.

Das tat er sehr häufig, in allen Partien seines Faches, die schon beschrieben wurden. Und da war auch noch seine „Schicksalspartie", die er gleich im ersten Jahr seiner Breslauer Zeit einstudierte und sang, die Partie, der er seine großen Engagements immer wieder verdanken sollte: der Beckmesser in Wagners *Meistersinger von Nürnberg*. Es handelte sich um keine Neuinszenierung, in die laufenden Breslauer Vorstellungen wurden eben neue Mitglieder des Hauses eingebaut. Eine „Feiertagsüberraschung" nennt ein Kritiker diesen Beckmesser, erstens, weil die Vorstellung am 1. Jänner 1938 stattfand, zweitens aber, weil mit Erich Kunz ein so überragendes schauspielerisches und gesangliches Talent die Bühne beherrschte. Im Mai wurde diese Oper aus Breslau im Rundfunk gesendet, man hörte sie sogar in Wien, was Vater Eduard Kunz zu einem gereimten Brief an den Sohn veranlasste:

Was uns die Wellen aus
Breslau brachten,
war sicherlich nicht zu
verachten.
Am meisten interessierte uns
naturgemäß der Erich Kunz.

Wir sind entzückt von
dem Gehörten,
(wenn auch durch Krachen oft gestörten)
und sagen für den Hochgenuß
recht vielen Dank und
schönen Gruß!

Figaros Hochzeit, Breslau, Dezember 1938

Dr. Bartolo in *Barbier von Sevilla*, Breslau, Nov. 1939

Die Anfänge der Karriere hat der Vater also noch erlebt und genossen, viel mehr von dieser einmaligen Karriere erlebte er nicht: am Allerseelentag des Jahres 1938 starb er, Erich Kunz hatte am Abend vorher noch eine Vorstellung, nahm den Nachtzug nach Wien, um den Vater noch einmal zu sehen, kam jedoch zu spät. In der Früh, 3 Minuten nach acht, starb Dipl.Ing. Eduard Kunz, zur selben Zeit blieb seine Taschenuhr stehen, die er im Spital bei sich hatte, gleichzeitig aber auch die Kastenuhr in seiner Wohnung, exakt 3 Minuten nach acht.

Erich Kunz hatte sich einen Lebensplan zurechtgezimmert, nach fünf Jahren im Sängerberuf mußte er es geschafft haben. Zu mühselig schien ihm das Wechseln von einem Theater zum anderen, nicht wissend, wie lange der Vertrag halten würde. So sagte er sich, wenn nach fünf Jahren nicht eine solide Basis für sein Leben mittels Gesang zu schaffen sei, dann wolle er eben wieder in einem anderen Beruf versuchen, neu anzufangen. Nun wäre das genau im Jahr 1941 gewesen, in dem sich herausstellen sollte, wie, und vor allem ob es weitergeht. Und aus dem Folgenden versteht man die Bezeichnung „Schicksalspartie" im Zusammenhang mit dem Beckmesser. Denn wieder einmal sang er 1940, wie schon so oft, diesen Beckmesser in Breslau, diesmal jedoch mit einem sehr nervösen Kollegen namens Gicinsky in der Partie des Pogner. Erich Kunz konnte die Nervosität seines Freundes nicht verstehen, schließlich hatte dieser den Pogner schon öfters gesungen. Die Ursache der Nervosität wurde erst klar, als Gicinsky erzählte, es wäre ein Herr aus Wien in der Vorstellung, der ihn anhören wollte, da in Wien ein Bass gesucht werde und die Möglichkeit bestünde, daß er ab der nächsten Saison nach Wien übersiedeln könne. Und Wien war auch nach dem Anschluß, vielleicht gerade damals, das höchste Ziel eines Opernsängers geblieben. Der Herr aus Wien sah zwar die Vorstellung, hat sich aber bei Gicinsky nicht gemeldet. Gemeldet hat sich 2 Tage später die Wiener Staatsoper bei Erich Kunz, man fragte, ob Erich noch im Oktober 1940 in Wien auf Engagement den Beckmesser singen könne und wolle. Natürlich konnte und wollte er.

Welchen Stellenwert für einen Opernsänger der Ruf „nach Wien"

in dieser offiziell als groß bezeichneten Zeit hatte, kann man er-
messen, wenn man die Geschicke dieser Institution vor dem Hintergrund historischer Ereignisse betrachtet.

Elviro in Händels *Xerxes*, Breslau 1939

In der Garderobe, Troppau 1940

OPER IM NATIONALSOZIALISMUS

Am Abend des 12. März 1938 wird in der Staatsoper *Tristan* unter Hans Knappertsbusch aufgeführt - schon mit einer Umbesetzung: Die Schwedin Kerstin Thorborg hat aus Angst Wien verlassen, stattdessen steht Rosette Anday als Brangäne auf der Bühne. Der Direktor Erwin Kerber bleibt zunächst am Haus, Bruno Walter hingegen kehrt von einem Auslandsgastspiel nicht mehr zurück. Prominente Dirigenten, Sänger, Regisseure und auch Mitglieder des Orchesters müssen Wien verlassen. Deshalb ist es anfangs schwierig, den Spielplan aufrechtzuerhalten, bis alle ersetzt sind. Das gilt auch für die Volksoper zu dieser Zeit. Die Wiener Philharmoniker verlieren 21 Mitglieder als „rassisch untragbar" und werden dem Kontrabassisten Wilhelm Jerger unterstellt, die Auflösung des Orchesters wird aber verhindert. Da Oper als Kunstgattung ohnehin gesellschaftskritische Problematik kaum thematisiert, gilt den Opernbühnen die besondere Sympathie des Regimes. Zuerst wurden allerdings alle jüdischen Künstler und alle, die dem System kritisch gegenüberstanden, vertrieben. Nur zwei Wochen nach dem Einmarsch der Nationalsozialisten ist der regelmäßige Opernbetrieb in Wien hergestellt, unter Knappertsbusch wird der *Fidelio* aufgeführt. In der einstigen Hofloge sitzen prominente Parteileute, im Publikum sind vermehrt Uniformen zu sehen. Namhafte Sänger und Dirigenten werden verpflichtet, freilich nur, soweit sie nicht emigriert oder eingesperrt, d.h soweit sie politisch tragbar waren. Ihr Engagement wird werbewirksam angepriesen und der Verlust so vieler Berühmter und weniger Berühmter damit verdeckt. Die Verfolgung und Ermordung bzw. Vertreibung von ca. 9000 Künstlern und Wissenschaftlern ab März 1938 läßt das Ausmaß des Umbruches im Personellen und Geistigen ansatzweise vorstellbar werden. Dabei sind die Rassengesetze auch oft ein Mittel, um Neid und persönliche Voreingenommenheit auszuleben, um Konkurrenten abzuschaffen und sich deren Dienstposten oder Verdienstmöglichkeit anzueignen. Derartige Intrigen richten sich aber auch gegen die „eigenen Reihen". In der Staatsoper gibt es allerdings Spitzelwesen angeblich nur unter unbedeutenderen Sängern, und unter den damals Beteiligten bildet sich später über den Betrieb in der Staatsoper der Mythos von einer „Insel des Friedens".

> Josef von Manowarda erzählt Alfred Jerger und Erich Kunz mit geheimnisvoller Stimme, daß der Führer jetzt eine Geheimwaffe hätte, mit der man direkt von Berlin nach London schießen werde, worauf beide unisono flüstern: „Und zurück". (nach Marcel Prawy: Die Wiener Oper)

Austauschgastspiele demonstrieren die Einheit des Reiches, wobei zur Verstärkung dieses Eindruckes die jeweiligen Chöre mit dem Opernchor vereint auftreten. Zum *Tag des Großdeutschen Reiches 1939* gastiert die Staatsoper in Brünn und Prag, später auch - den Okkupationen des Regimes folgend - in Holland, Agram, Bukarest. Gastspiele in eroberten Gebieten werden im ganzen Reich veranstaltet und als Beitrag der Völkerverständigung angesehen:

> Als Hamburg den Wienern im Juni 1939 mit Händels *Julius Cäsar* (4.Reichstheaterwoche) eine Stippvisite abstattete, entsprach dies einer kulturellen Eroberung, nachdem Österreich bereits mit militärischen Mitteln „ins Reich heimgeführt" worden war. - Knapp drei Monate später inszenierte Hitler durch den Angriff auf Polen den Zweiten Weltkrieg.
> (Musik und Musikpolitik im faschistischen Deutschland, hrsg. v. Hanns-Werner Heister und Hans-Günter Klein)

Leopold Reichwein kehrt als politisch zuverlässiger Dirigent ans Haus zurück - 1945 nimmt er sich das Leben. Nach Erwin Kerber wird ein Schulfreund des Reichspropagandaministers und Leiters des Reichskulturamtes Dr. Goebbels zum Leiter der Staatsoper bestellt, der als Opernchef in Hamburg tätig gewesene Karl Heinrich Strohm. Er bringt Oskar Fritz Schuh und Caspar Neher nach Wien, die jenen Mozartstil wesentlich prägen, der nach dem Krieg als neue Errungenschaft gefeiert wird. Kerber rückte wieder zurück, als neuer zweiter Mann sollte Ernst August Schneider ihn ersetzen, der aber erkannte die Wichtigkeit der Mitarbeit Kerbers und verbündete sich mit ihm, statt ihn hinauszuekeln, was man höheren Orts von ihm erwartete. Strohm wurde also Direktor, wenn auch nicht für lange, denn diese Berufung scheint für den kleinen, bescheidenen Mann zuviel gewesen zu sein. Das zeigte sich zum Beispiel daran, daß ihm plötzlich die kleine Wendeltreppe, auf der alle früheren Direktoren vom Bühnenportier zu ihren Gemächern gelangten, nicht mehr genügte, er wollte eine neue Treppe und ließ zu diesem Zweck auch ein neues Tor in die Kärntner Straße ausbrechen. Der Lärm der Umbauten war ihm aber zuviel, und er fuhr auf den Semmering, um sich zu erholen, gerade als Erich Kunz das erste Mal als Beckmesser gastierte, Esther Réthy war damals die von ihm auf der Bühne verehrte Eva. Nachdem Strohm in eine Nervenheilanstalt eingeliefert werden mußte, tritt der Kritiker und Pädagoge Ernst August Schneider an seine Stelle, der gegen den ursprünglichen Auftrag das Haus zunächst gemeinsam mit Kerber leitet, bis dieser 1942 das Salzburger Landestheater übernimmt. Ernst August Schneider und Erwin Kerber führten also de facto die Staatsoper, Hans Knappertsbusch war ihnen ein umsichtiger und genialer musikalischer Leiter, und erst in der Saison 1941/42 wurde Lothar Müthel Generalintendant und damit auch Direktor der Wiener Staatsoper, um die er sich aber nicht allzuviel kümmerte, er behielt sich die Leitung des Burgtheaters vor, sein Stellvertreter in der Oper wurde Dr. Karl Böhm. Mit dem bereits als Konzertdirigent stark mit den Philharmonikern verbundenen Dirigenten, der in der Ära Krauss *Tristan* an der Staatsoper dirigiert hatte, wurde schon seit 1941 verhandelt. Im Frühjahr 1943 wird er schließlich zum Direktor bestellt und bleibt bis Kriegsende in dieser Funktion.

Freilich stellt 1938 keinen Zeitpunkt kulturellen Umbruches dar, ebensowenig wie dann 1945 ein diesbezüglicher Neubeginn gewesen ist. Die Wiener Staatsoper wurde seit 1936 bis 1940 von Erwin Kerber offiziell als Direktor geführt, inoffiziell schon vorher und auch noch nachher. Er war einer der Mitbegründer der Salzburger

Festspiele, von Anfang an auch ihr administrativer Leiter. Von Clemens Krauss wurde er als Direktionsrat an die Wiener Staatsoper geholt, und nach einer kurzen Direktionszeit Felix von Weingartners übernahm Kerber die Direktion. Als künstlerische Leiter hatte er immerhin zwei Dirigenten, deren Namensnennung uns heute noch mit Erfurcht zu erfüllen hat: Bruno Walter und Hans Knappertsbusch. Kerber blieb es vorbehalten, in der Zeit des Anschlusses die gewaltigen Abgänge im Ensemble zu ersetzen, und wäre die allgemeine Zeit nicht so furchtbar gewesen, allein aus der Sicht der Wiener Staatsoper war es eine schöne, künstlerische Periode. Viele der beliebtesten und besten Künstler hatten zwar das Haus und Österreich verlassen müssen: Bruno Walter, Josef Krips, Carl Alwin, Rosette Anday, Lotte Lehmann, Elisabeth Schumann, Alexander Sved und Richard Tauber. Kerber hatte aber die Gabe, diese Lücken mit neuen Sängern zu füllen, es kamen Hilde Konetzni, Elena Nicolaidi, Esther Réthy, Maria Reining, Anton Dermota, Karl Friedrich, Alfred Poell, Josef Witt, Set Svanholm und Paul Schöffler. Und nun sollte in dieses Ensemble auch noch Erich Kunz engagiert werden, allerdings nicht mehr von Kerber, von dem die Nazis wußten, daß er mit ihrer Ideologie nichts zu tun haben wollte. Die Erhaltung der Spezifika hiesiger Musikkultur wird auch weiterhin gefordert, stößt aber bei den Machthabern kaum auf Verständnis, und die erhoffte Sonderstellung Wiens als *Musikstadt* läßt sich trotz der Bestrebungen des Gauleiters und Reichsstatthalters Baldur von Schirach, als Kunstmäzen zu erscheinen und den Berliner Zentralstellen ein kulturelles Gegengewicht entgegenzusetzen, kaum durchsetzen. Ausschaltung, Verfolgung, Gängelung, Verordnung bestimmen das Leben während der Jahre der totalitären Herrschaft auch im Bereich der Musikkultur. Die verordnete totale Verwaltung, die „Gleichschaltung" erfolgt so unmittelbar nach der Machtübernahme, daß sie sich ebenso auf Vorbereitungen gestützt haben muß, wie die überall veranstalteten Feiern zur „Heimführung der Ostmark".

Der Spielplan wird wenig verändert, aber das Repertoire von Werken „rassisch bedenklicher" Komponisten gesäubert. Im Fall von besonders beliebten Stücken sind allerdings Ausnahmen möglich, so werden beispielsweise die Operetten von Franz Lehár gerne gespielt, wobei der Name des Librettisten verschwiegen wird - Fritz Löhner-Beda ist im KZ interniert und wird schließlich umgebracht. Großen Einfluß auf den Spielplan haben die verschiedenen Jubiläen: 1939 bzw. 1944 sind Hans Pfitzners 70. bzw. 75. Geburtstag der Anlaß zur Aufführung des *Palestrina*. 1940 werden sogar drei Jubiläen begangen: die Erstaufführung von Richard Wagners *Meistersingern* in Wien vor 70 Jahren, der 100. Geburtstag Peter Illjitsch Tschaikowskys und der 80. Geburtstag von Emil Nikolaus von Reznicek. Zur *Mozart-Woche des Deutschen Reiches 1941* gastiert die Münchner Oper mit *Cosi fan tutte,* und Richard Strauss dirigiert den *Idomeneo.* Gustav Gründgens inszeniert wie schon in Berlin die *Zauberflöte.* Das 100-jährige Bestehen der Wiener Philharmoniker wird ebenso gefeiert, wie - mit einer Aufführung des *Fidelio* und einem Prolog von Josef Weinheber, gesprochen von Raoul Aslan - das 75-jährige Jubiläum des Wiener Staatsoperngebäudes. Auch der 80. Geburtstag von Richard Strauss wird trotz seiner zwiespältigen Stellung zum Regime glanzvoll mit einem Zyklus seiner Werke gefeiert. Die häufige Eingliederung von Aufführungen in nationalsozialistische Ereignisse und Feiern stellen auch die Opernhäuser in den Dienst von Innen- und Außenpolitik. Mit zunehmender äußerer Not wird vermehrt Operette aufgeführt, meistens mit Anton Paulik als fachmännischem Dirigenten, aber auch Karl Böhm dirigiert den *Zigeunerbaron.* 1942 dirigiert Richard Strauss das letzte Mal in der Wiener Oper.

Neue Musik wird meist ausgezischt, sogar die Ballettaufführung von Carl Orffs *Carmina burana,* wo u.a. Esther Réthy und Erich Kunz singen und Leopold Ludwig, der seinerzeitige Generalmusikdirektor von Troppau, dirigiert. Auch die Aufführung der Oper *Johanna Balk* von Rudolf Wagner-Régeny, deren Text Bezüge zuläßt, wenn eine Frau einen „fremdstämmigen Tyrannen" zu stürzen hilft, und die anläßlich der *Woche zeitgenössischer Musik* 1942 als kulturpolitisch bedeutsame Aufführung eines vom Gauleiter geförderten Komponisten stattfindet, wird schlecht aufgenommen. Die Ablehnung neuer Musik hat dabei Tradition, sie wurde schon seit

1934 konsequent ins Abseits gedrängt und mit dem politischen Gegner identifiziert, der Nationalsozialismus propagiert demgegenüber eine der neuen Zeit angemessene Musik, deren Neuheit eine angepaßte zu sein hat. Daher ergeht auch vom Staat der Ruf nach neuen Opern, nachdem 1939 der Reichsdramaturg Schlösser verkündet hatte, daß jede Opernbühne in jeder Spielzeit wenigstens eine Erstaufführung eines Werkes herausbringen solle, das nach 1900 entstanden ist. Der Bedarf an Opern für das Repertoire war ja mit der Anpassung der Spielpläne gestiegen, außerdem war das Regime darauf bedacht, die Künste öffentlich zu fördern, um Sympathien bei Teilen des Bürgertums zu erwerben. Aufgeführt darf freilich auch im Fall der neuen Opern nur werden, was politischer Kontrolle standhält. Neue Opern sollen Anforderungen der „erneuerten Oper" gerecht werden, d.h. den Feindbildern der Werke Kurt Weills, Ernst Kreneks, Arnold Schönbergs sowie den damit verbundenen Kategorien von Jüdisch bzw. Bolschewistisch widersprechen. Der positive Gegenbegriff dazu ist der des „Volkstümlichen", was in der Musik den Verzicht auf Schockwirkungen und Experimente bedeutet. Für die Wahl des Stoffes sind deutscher Mythos und Geschichte sowie Gestalten historischer Vorbilder vorgegeben. Oper soll ein Sinnbild des eigenen Schicksals sein, allerdings nicht den Alltag darstellen, sondern das Typische und allgemein Menschliche betonen. Von der älteren Generation behaupten sich dabei die Komponisten Richard Strauss - der allerdings weder mit *Arabella* noch mit *Daphne* seine spezifische Art ändert, sein *Friedenstag* enthält gleichzeitig Elemente von Anpassung und Widerstand gegen das Regime - und Ermanno Wolf-Ferrari, von den Jüngeren etwa Werner Egk und Rudolf Wagner-Régeny.

ENDLICH IN WIEN

Erich KUNZ, der Wiener, der aus Breslau kommend als
Beckmesser debütierte, eroberte sofort alle Herzen, an
Humor und genialer Charakterisierungskunst macht es
ihm als Papageno und Bartolo noch heute keiner nach.
(Marcel Prawy: Die Wiener Oper)

Bei dem ungeheuren Erfolg, den Erich Kunz mit dem Beckmesser-
Gastspiel in Wien feierte, war der eigentliche Direktor nicht dabei,
wohl aber alle Bekannten der Familie Kunz, und das waren gar viele. Natürlich hätte Erich diese Claque nicht gebraucht, denn der Erfolg war bei Direktion und Publikum ein einstimmiger, immerhin
faßte die Staatsoper über 2000 Personen, und so groß war der Be-
kanntenkreis der Kunz wieder auch nicht. Kerber erklärte dem Gast
aus Breslau, warum Direktor Strohm nicht anwesend wäre, und ver-
abredete ein zweites Gastspiel als Bartolo im *Barbier von Sevilla*.
Nur leider, die bewußte Stiege und der damit verbundene Umbau
waren noch immer nicht fertig, und daher sollte der Direktor auch
das zweite Gastspiel von Erich Kunz nicht hören. Der fuhr also
wieder nach Breslau, und erst während der dortigen Generalprobe
zu *Hänsel und Gretel* kam der mittlerweile lang erwartete Telefon-
anruf aus der Wiener Staatsoper, das Engagement war fixiert.
Als bald darauf Erich Kunz von Breslau nach Wien übersiedelte,
erhielt er von Frau Gicinsky die Nachricht, daß bei einer der obli-
gaten Waffenübungen ein große Mine explodiert war und seinen
Freund und noch sechs andere Kollegen getötet hatte. Man stelle
sich bloß vor: Wäre wegen Gicinsky nicht 1940 ein Talentsucher
nach Breslau gekommen und hätte er der Staatsoper nichts von
Erich Kunz erzählt, hätte die Opernwelt wahrscheinlich einen ihrer
größten Stars bei dieser Explosion verloren!
Im Sommer 1941 war Erich Kunz das erste Mal bei den Salzburger
Festspielen zu hören, noch nicht in einer seiner Glanzpartien, er
fing mit der Nebenrolle des Masetto im *Don Giovanni* an. Aber
bald gab es auch in Salzburg keinen anderen Leporello, Figaro und
Papageno. Die Situation an der Wiener Staatsoper war natürlich be-

Widmung von Irmgard Seefried an ihren „Guglielmo", 29.9.1943

drückend geworden. Die meisten Sänger konnten vom Kriegs-
dienst zwar befreit werden, die damaligen Ärzte, die Atteste auszu-
stellen hatten, haben eben ein Herz für die Kunst gehabt, und eines
speziell für die Wiener Oper und deren großen Vertreter. Aber die
glanzvollsten Sänger, die in dieser Zeit neu an der Wiener Staatsoper erschienen - Höngen, Jurinac, Cebotari, Seefried, Lorenz usw. -
konnten nicht verhindern, daß im Winter 1942/43 die Oper wegen
Kohlenmangels nicht spielen konnte. Nach der *Götterdämmerung*
am 30. Juni 1944 blieb die Wiener Staatsoper, wie alle anderen
Theater auch, geschlossen. Der „totale Krieg" wurde proklamiert,
da war an Theater und Musik nicht mehr zu denken. Es bestand die
Gefahr, noch im letzten Moment zur Wehrmacht eingezogen zu
werden, Erich Kunz hatte aber Gott sei Dank Rundfunkaufnahmen
zu machen, und dem Rundfunk gelang es, ihn von seiner Militär-
pflicht freizustellen, denn Bayreuth hatte ihn zu eben diesem
Dienst freigegeben. Davon wird noch später die Rede sein.
Als am 12. März 1945 die Wiener Staatsoper durch einen Flieger-
angriff total zerstört wurde und ausbrannte, war das berühmte
Ensemble für einige Zeit heimatlos geworden und mußte, wie damals viele Wiener, versuchen, ein behelfsmäßiges Obdach zu finden. Und anscheinend war das für eine Institution wie die Staatsoper leichter, als für die vielen obdachlosen Wiener.

Widmung von Maria Cebotari, Oktober 1941

DAS MOZARTENSEMBLE UND DIE ÖSTERREICHISCHE IDENTITÄT

Die Wiedereröffnung der Staatsoper am 5. November 1955 wurde - trotz der hohen Eintrittspreise bis zu 6000 Schilling und der damit bewirkten Exklusivität des Publikums - zu einem echten Volksfest und von der Öffentlichkeit, versehen mit dem journalistischen Schlagwort von der „Austrian Coronation", als kulturelle Großtat gefeiert:

> Stellt der Staatsvertrag einen Glücksfall dar, das jahrelang erhoffte und kaum mehr erwartete Geschenk weltpolitischer Entspannung, so offenbart die neuerrichtete Oper, was Österreich aus eigener Kraft zu leisten vermag. Sie schließt auch den Bogen zur Vergangenheit und tröstet über den Verlust politischer Größe hinweg. Ein Stückchen Weltmacht ist in ihren Mauern verblieben, eine Macht, die deshalb dauernder wirkt, weil sie keine Wunden schlägt. (Victor Reimann: Dirigenten, Stars und Bürokraten. Glanz und Abstieg des Wiener Opernensembles)

Demgegenüber gilt der Brand des Opernhauses als nationales Unglück - ähnlich wie jüngst der Brand des Redoutensaales -, die Bombardierung der Staatsoper wird als eine der schwersten Katastrophen der Geschichte und darüber hinaus als Symbol für den Untergang des totalitären Systems angesehen:

> Augenzeugen berichten, daß während des Brandes Menschen, die wahrscheinlich nie die Oper betreten hatten und musikalisch uninteressiert waren, in Tränen ausbrachen und daß dieser Brand als wahres Nationalunglück angesehen wurde. Er wurde zum Fanal des Zusammenbruches des in wilden Zuckungen untergehenden Dritten Reiches.
> Was nun wenige Wochen nach der Befreiung, nachdem

Erich Kunz mit (von links) Anneliese Rothenberger, Hilde Güden, Walter Berry,
Karl Terkal u. Hilde Rössl-Majdan; Foto Fayer

das Leben der Stadt wenigstens notdürftig reorganisiert und das neue Staatswesen aus Trümmern und Zerstörung wiedererstanden war, geschah, wird für alle Zeiten denkwürdig bleiben. Hier dokumentierten sich die Lebenskraft, zugleich aber auch die unversiegbare Musizierfreude und der Kulturwille einer alten Nation, die eben erst Furchtbares erlebt hatte, auf das wunderbarste. (Hans Ullrich: Fortschritt und Tradition. 10 Jahre Musik in Wien 1945 - 1955)

Diese Abgrenzung von den Nationalsozialisten greift auf einen bewährten Topos zurück, jenen vom „Musikland Österreich", aufgrund dessen schon in den Jahren der I. Republik der Oper eine existentielle Bedeutung für die österreichische Identität zugemessen wurde. Österreich leistete sich damals eine für sein neu aufgebautes Image als „Musikland" typische Institution, um die andere Länder es beneiden konnten, und das trotz bzw. gerade wegen der großen wirtschaftlichen Schwierigkeiten und politischen Wirren, mit denen es zu kämpfen hatte. Im Weltkrieg war es ebenfalls die Oper, an der sich die Illusion etwas Besonderes, nicht „Gleichgeschaltetes" zu haben, erhalten ließ, und auch nach Ende des 2. Weltkrieges gilt dem Opernbetrieb ein besonderes Interesse. Der Spielbetrieb wird erstaunlich bald mit Eifer wieder aufgenommen, schon am 1. Mai 1945 gibt es eine Vorstellung der Staatsoper in der Volksoper: Anton Paulik dirigiert Mozarts *Figaro,* es singen Hilde Konetzni, Irmgard Seefried, Sena Jurinac, Elisabeth Höngen, Alfred Poell und Alois Pernerstorfer. Kurz darauf folgt unter der Regie des kommissarischen Leiters Alfred Jerger die *Bohéme* mit Sena Jurinac, Irmgard Seefried und Anton Dermota, und bereits im Juni gibt es täglich eine Opernvorstellung. Franz Salmhofer wird Operndirektor, und im Herbst gibt es wieder ein eigenes Haus, das Theater an der Wien, das für zehn Jahre Quartier der Wiener Staatsoper bleibt. Eröffnet wird am 6.10. mit *Fidelio* - Josef Krips dirigiert die Neueinstudierung der Inszenierung von Oscar Fritz Schuh, die Hauptrollen singen Anny Konetzni, Irmgard Seefried, Paul Schöffler und Herbert Alsen. Der Wiederaufbau nimmt sich sofort des Opernhauses an, schon am 1. Juni gibt es im Konzerthaus das erste Benefizkonzert zur Erneuerung des zerstörten Gebäudes am Ring, und die Wiedereröffnung 1955 bekommt den erwähnten bedeutenden Stellenwert. Allerdings scheint die österreichische Selbstfindung durch den Opernbetrieb im festlichen Höhepunkt dieser Wiedereröffnung gleichzeitig einen Abschluß zu erreichen, der bald Kritik hervorruft; die Kritik, daß die Staatsoper nun zur Allerweltsoper geworden sei:

> Die Oper als Stagione- und Reisebetrieb bedeutet das glanzvolle Ende der Opernkultur. Sie läßt nämlich ihre Quellen, den schöpferischen Zuzug, versiegen. Sie gleicht Wanderausstellungen, die nur alte Meistergemälde zeigen, während die Werke der Zeitgenossen unbekannt bleiben. Stagione-Betrieb, Star und künstlerische Sensation gehören zusammen wie Repertoire-Betrieb, Ensemble und künstlerische Verpflichtung. Ein Werk muß reifen können. Und reifen kann es nur in einer Repertoire-Oper. In einer Epoche des Stagione-Betriebs wäre beispielsweise der *Rosenkavalier* keine unvergängliche Oper geworden. (Victor Reimann: Dirigenten, Stars und Bürokraten. Glanz und Abstieg des Wiener Opernensembles)

Es sind die in den Jahren zuvor unter erschwerten Bedingungen zustande gekommenen Opernaufführungen, die bereits 1955 in nostalgischer Verklärung als Zeichen für Österreichs Wiedererwachen gewertet werden. Sie bilden jenes Kapitel in der Geschichte der Wiener Staatsoper, das von allen Zeitgenossen als eines der reichsten erlebt und in den kommenden Jahrzehnten entsprechend verklärt wird:

> In vielen Dingen war die Ära des Theaters an der Wien zukunftsweisend; das Mozartzeitalter dauerte an, und das Regiezeitalter, das sich dort schon abgezeichnet

Erich Kunz mit Karl Böhm, Irmgard Seefried und Karl Ludwig, Premiere von
Figaros Hochzeit

hatte, entwickelte sich in den folgenden Jahrzehnten zur Diktatur im Opernbetrieb. Ansonsten aber war es eine Ära des Abschieds. Es war die letzte große Zeit des Ensembletheaters. (Marcel Prawy: Die Wiener Oper)

Eine Revolution des Geistes aber war es, die das Theater an der Wien nach 1945 zu einem Opernhaus machte, dessen Mozartstil einen Höhepunkt in der Geschichte der Oper überhaupt darstellt. Die neue Oper am Ring hat auf dem Gebiet der Stilbildung auch nicht annähernd Gleichwertiges bis zum Augenblick hervorgebracht. (Victor Reimann: Dirigenten, Stars und Bürokraten. Glanz und Abstieg des Wiener Opernensembles)

Dabei stehen nicht die bei insgesamt 63 verschiedenen Opern aufgeführten Werke von Christoph Willibald Gluck, von Georg Friedrich Händel bzw. die zeitgenössischen Opern von Igor Strawinsky, Gottfried von Einem, Rolf Liebermann, Arthur Honegger oder Giancarlo Menotti im Zentrum des Interesses, sondern die - neben jenen von Richard Strauss - häufig aufgeführten Werke Wolfgang Amadeus Mozarts, nach denen auch die Sänger jener Zeit *Mozartensemble* genannt werden. 1948 inszeniert Oscar Fritz Schuh die *Zauberflöte* neu mit dem Wiener Ensemble, die Aufführung steht bis Oktober 1955 immerhin 201mal auf dem Spielplan. Die höchsten Aufführungsziffern erreichen daneben *Aida, Hoffmann* und *Figaro* mit über 150, sowie *Fidelio, Don Giovanni* und *Rigoletto* mit über 100 Aufführungen.

Der besondere Reiz dieser Aufführungen wird durch mehrere Faktoren bestimmt: Die beschränkten räumlichen Verhältnisse bedingen nicht nur die Konzentration des Repertoires auf Spielopern, sondern schaffen mit ihrer intimen Atmosphäre eine besondere Nähe von Darstellern und Publikum. Durch den Brand der Oper ist fast alles an Kulissen, Requisiten und Kostümen vernichtet, Dekoration wird dadurch ein nur sparsam eingesetztes Hilfsmittel der Inszenierunge, stattdessen erhält die lebendige, natürliche Auf-

Reise nach England, mit Egon Hilbert und Karl Friedrich, 1947

führung, die - ebenfalls von der räumlichen Nähe zum Publikum begünstigte - schauspielerische Durchdringung der Rolle einen wesentlich größeren Stellenwert. Zudem spielen jene äußeren Umstände eine wesentliche Rolle, die eine in Stil und Darstellung ungewöhnliche Geschlossenheit des Ensembles fördern - da Reisen unmöglich sind, trifft sich das Ensemble täglich und ist froh, miteinander arbeiten zu können. Jeder einzelne wurde entweder von Josef Krips oder von Karl Böhm, d.h. von den hauptsächlich wirkenden Dirigenten musikalisch-stilistisch geprägt, was ebenfalls eine gute Voraussetzung für die Geschlossenheit des Ensembles bildet. Auch körperlich, stimmlich und darstellerisch erfüllen die Sänger - Irmgard Seefried, Elisabeth Schwarzkopf, Sena Jurinac, Hilde Güden, Maria Cebotari, Elisabeth Höngen, später Lisa della Casa, Wilma Lipp, Erika Köth, Erich Kunz, Anton Dermota, Paul Schöffler und Peter Klein - das Ideal der von ihnen dargestellten Rollen:

> Im Theater an der Wien wurde diese Forderung bei den Mozartaufführungen erfüllt. So sehr erfüllt, daß man die Seefried mit der Susanna, die Schwarzkopf mit der Gräfin und den Kunz mit dem Figaro gleichsetzte und jeden anderen Interpreten darnach beurteilte und verurteilte. Doch noch mehr. Einzelne Mozartrollen erhielten ein neues Gesicht. (Victor Reimann: Dirigenten, Stars und Bürokraten. Glanz und Abstieg des Wiener Opernensembles)

Auch die Erziehung des Nachwuchses wurde sorgfältig betrieben, da es unmöglich war, telefonisch aus dem Ausland Ersatzkräfte herbeizurufen: Ljuba Welitsch, Wilma Lipp, Hilde Rössl-Majdan, Mira Kalin, Margerita Kenny, George London, Hilde Zadek, Annie Felbermayer, Walter Berry, Karl Terkal, Otto Edelmann, Murray Dickie, Waldemar Kmentt und Oskar Czerwenka entstammen dieser Tradition.

Christa Ludwig, die Erich Kunz, wie sie sagt, „als zuagraste Piefkinesin" vor Witzen anderer schützte, zitiert gerne die Zeiten des

Miteinander im Mozart-Ensemble, nennt ihn „mein Figaro, mein Guglielmo" und lobt ihn als Kavalier der alten Schule, der sich dabei einmal soweit vergaß, daß er ihr als Prinz Orlofsky bei einer *Fledermaus* als Gefängnisdirektor Frank die Hand küßte.

Die Inszenierungen waren freilich nicht neu und auch die Sänger waren schon zu hören gewesen, denn die von Oscar Fritz Schuh und Caspar Neher gestalteten Aufführungen von *Nozze di Figaro* und *Cosi fan tutte* im Redoutensaal 1943 sind die eigentlichen Vorläufer des Wiener Mozartstils. Die vom *Mozartensemble* getragenen Aufführungen waren somit ebensowenig ein Lebenszeichen der wiedererwachten österreichischen Kultur, wie der Einmarsch 1938 von der Mehrheit als Unglück erlebt worden war, bzw. wie nun Österreich sich als erstes Opfer nationalsozialistischer Expansion präsentierte. Beide Behauptungen - jene von der politischen Opferrolle und jene von der kulturellen Auferstehung - sind aber wesentlich für das österreichische Selbstverständnis nach 1945 und Teil der staatstragenden Legenden.

Opernaufführungen werden deshalb auch zum wichtigen Exportartikel des wieder um internationale Anerkennung ringenden Landes, als Manifestation kultureller Eigenständigkeit zum Werbemechanismus um die politische Selbständigkeit bei den Siegermächten. Gastspielreisen des Ensembles bzw. die Salzburger Festspiele machten in diesem Zusammenhang den Wiener Mozartstil zum weltberühmten Markenzeichen. Im März 1947 gastiert die Wiener Staatsoper mit *Cosi fan tutte* und *Don Giovanni* in Nizza und Paris, wo das erste deutschsprachige Gastspiel seit 1945 zum überwältigenden Erfolg wird. Am 15. September desselben Jahres beginnt ein vierzehntägiges Gastspiel der Staatsoper im Covent Garden London, von dem die Times meint, daß damit „der Kriegszustand mit Österreich aufgehoben wurde" - auf dem Programm stehen *Don Giovanni, Figaro, Cosi,* außerdem *Fidelio* und *Salome.*

Äußere Umstände haben das *Mozart-Ensemble* zum berühmten Sonderfall österreichischer Operngeschichte werden lassen, äußere Umstände waren es auch, die nach 1950 die Krise dieses Ensembles herbeiführten. Auslandsreisen waren wieder möglich, und es gab daher Probleme mit den Gagen der Sänger. Josef Krips verließ

Wien, und obwohl Egon Hilbert als Leiter der Bundestheaterverwaltung den Ensemblegedanken aufrechterhalten wollte, war die sogenannte große Zeit spezifischer Mozart-Aufführungen vorbei.

Karl Böhm hatte, bei aller Wertschätzung des Künstlers, mit dem Spaßmacher Kunz oft kein leichtes Leben. So geschah es bei einer Probe zu *Cosi fan tutte,* daß alle schon auf Erich Kunz warten, der mit Willy Boskovsky noch am Gang steht und plaudert. Beide bedauern, daß an diesem sonnigen Vormittag geprobt werden muß, und plötzlich hat Kunz den Einfall, doch einmal die Rollen zu tauschen. Gesagt, getan, Boskovsky reicht ihm seine Geige, und Kunz nimmt im Orchester Platz. Karl Böhm kommt herein und begrüßt die Musiker, worauf zu seinem Schrecken Konzertmeister Kunz diesen Gruß erwidert.

Wilhelm Furtwängler mit dem Ehepaar Kunz nach der Premiere von *Figaros Hochzeit*, Salzburger Festspiele 1956

MEILENSTEINE EINER KARRIERE

Bald nach Zusammenbruch des Dritten Reiches wurde in der Volksoper und im Theater an der Wien wieder gespielt und gesungen. Wobei sich die Volksoper angeboten hatte, da dieses Haus den Krieg mit den geringsten Beschädigungen überstanden hatte, es gab sogar noch vereinzelte Bühnenbilder, nach denen man den Spielplan richtete. Alfred Jerger wurde zum provisorischen Leiter der Oper ernannt, und noch bevor der Krieg zu Ende war, spielte man bereits in der Volksoper den *Figaro* und die *Boheme*. Und als sich der neu ernannte Staatsoperndirektor Franz Salmhofer bei den Alliierten das Theater an der Wien sichern konnte, wobei er das Licht durch verbotenes Anzapfen der privilegierten sowjetischen Kabel auftrieb, begann eine Opernzeit, die nicht nur durch die Vergangenheit verklärt wird, sondern auch objektiv als die schönste Nachkriegsopernzeit in der Erinnerung der Besucher bleiben wird. Es mag leichter gewesen sein, diese glanzvollen Vorstellungen in Wien herauszubringen, weil die Sänger damals nicht reisen konnten, es war schwer genug, die Demarkationslinie zwischen Niederösterreich und Oberösterreich zu überschreiten. Das war auch der Grund, warum der für die *Fidelio*-Eröffnungsvorstellung im Theater an der Wien vorgesehene Florestan, Max Lorenz, nicht singen konnte: es gelang ihm nicht, die Demarkationslinie an der Enns rechtzeitig zu überwinden.

Der intime Raum des Theaters an der Wien war wie geschaffen für die herrlichen Mozartaufführungen des wohl bis heute besten Mozartensembles, das die Staatsoper je hatte. Jede kleinste Bewegung, jede Regung war für das Publikum zu sehen, und das Publikum genoß die von Erich Kunz mit perfektem Timing gesetzten Pointen. Bei ihm wirkten die alten Witze der Überlieferung wie spontane Einfälle des Augenblicks. Und gleich im ersten Nachkriegsjahr gab es einen Kunz´schen *Figaro*, mit Hilde Konetzni als Gräfin, Alfred Poell als Graf, Sena Jurinac als Cherubin und den beiden Susannen Elisabeth Rutgers und Irmgard Seefried. Und bei der folgenden Vorstellung von *Cosi fan tutte* wurde das Herrentrio geschaffen, das beispielgebend für die nächsten Jahrzehnte bleiben

Winifred Wagner an ihren „famosen Beckmesser", Bayreuth 1942

sollte: Dermota, Kunz und Schöffler. Wobei das Damentrio mit Seefried, Höngen und Loose den männlichen Partnern durchaus ebenbürtig war. Für Erich Kunz gab es in dieser Saison noch *Hoffmanns Erzählungen* und *Don Pasquale*. In den nächsten Theater an der Wien Jahren erlebten wir alle großen Kunz-Partien, Salmhofer baute das Repertoire aus, *Don Giovanni* und *Ariadne* erschienen wieder auf dem Spielplan, auch der *Rosenkavalier*. Allerdings singt erstaunlicherweise nicht Erich Kunz den Faninal, sondern Karl Kamann. Ob *Fra Diavolo, Meistersinger, Tosca, Carmen, Boheme, Falstaff* oder *Zauberflöte* - Erich Kunz beherrschte den Spielplan. Immerhin sang er weit über hundert Vorstellungen pro Saison, er hat in 221 Aufführungen des *Figaro* 148mal die Titelrolle gesungen, in 124 Aufführungen der *Zauberflöte* war er 81mal der Papageno, bei *Cosi* haben gar in 45 Aufführungen nur zwei der sechs Darsteller sich dreimal vertreten lassen. Es muß ein Zufall gewesen sein, daß er nicht der Mesner in der *Tosca* war, als Maria Jeritza mit ihrer ehemaligen Glanzpartie in Wien gastierte und dann von ihrem Balkon im Hotel Imperial Regenschirme für die Wiener Fans herunterwarf. Zum Selbstkostenpreis, ihr Gemahl war amerikanischer Regenschirmfabrikant.

Sena Jurinac beschreibt noch heute gerne die gemeinsame Zeit:
„Ich hatte das große Glück und die Ehre, von Erich Kunz akzeptiert zu werden, als ‚eine vom Balkan' – wenn auch mit einer Wiener Mutter –, die nach Wien engagiert wurde.

Unzählige Male sind wir gemeinsam auf der Bühne gestanden. Vor allem Mozart-Opern wie *Figaro, Cosi fan* tutte und *Don Giovanni* sind mir in lebhafter Erinnerung. Es war immer ein Erlebnis mit ihm aufzutreten und diese gegenseitige Inspiration zu spüren, zu erfahren, wie der eine auf den anderen einging. Wir haben uns dadurch immer besser kennengelernt und sind nicht nur auf der Bühne gute Freunde geworden. Ich wünsche ihm von Herzen alles erdenklich Gute. Ad multos annos!"

Das Staatsopernensemble hatte damals auch fleißig in der Volksoper zu singen, dieses Theater bekam einen eigenen Direktor, Hermann Juch, und er war es, der zusammen mit Anton Paulik, Adolf
Rott und Walter Hößlin die Wiedererweckung der wunderschönen,
wertvollen Wiener Operette mit Erfolg betrieb. Der Versuch gelang
und zeigte, wie großartig die alten Wiener Operetten sind, wenn
man sie entsprechend ernst nimmt, ausgezeichnet besetzt und musikalisch gekonnt und sauber einstudiert. Und neben Max Lorenz
und Esther Réthy, Maria Cebotari und Fred Liewehr war es natürlich Erich Kunz, mit dem man fast alle verfügbaren Buffopartien
besetzte. Er war der Josef im *Wiener Blut*, der Caramello in der
Nacht in Venedig, er spielte in Offenbachs *Banditen*, im *Gasparo-
ne*, in der *Schönen Helena*, und natürlich versuchte Direktor Juch,
ihn auch für seine herrlichen Operngestalten zu gewinnen: Kunz
sang auch an der Volksoper den Bartolo im *Barbier von Sevilla*, er
sang einen komödiantischen *Gianni Schicchi*, und sein *Wildschütz*-
Baculus begeisterte das verwöhnte Wiener Publikum genauso wie
die Zuschauer in seinen Anfangsjahren in der Provinz. Ich glaube,
es gab nur eine Vorstellung in seinem Leben, die mit einer vernich-
tenden Niederlage endete. Im Jahre 1948 war es, als ein Team der
Staatsoper gegen ein Team der Wiener Philharmoniker am Meid-
linger Wackerplatz Fußball spielte. Ich (E.P.) war damals dabei,
und es scheint dieser Tag einmalig gewesen zu sein, da einem die
Stars Kunz, Dermota usw. nicht den Eindruck machten, den man
von ihnen am Stehplatz im Theater an der Wien hatte. Sie verloren
auch 7:3. Vielleicht aber auch nur, weil im Tor der Philharmoniker
der Direktor Franz Salmhofer stand, der mit seinem legendären ge-
hobenen und gekrümmten Zeigefinger seinem Ensemble verbot,
Tore zu schießen. Gefeiert wurden von den Zuschauern nach dem
Spiel nur die Verlierer.
Wenn der Zufall es gewollte hätte, hätte Erich Kunz schon sehr
früh eine internationale Karriere gemacht. Er wurde schon mit 24
Jahren nach Glyndebourne engagiert, allerdings nur als „Cover"
für die dort engagierten Sänger, d.h. wenn damals einer ausgefallen
wäre, hätte der junge Sänger dort einzuspringen gehabt. Aber Erich
hatte ekelhafte Kollegen, keiner wurde krank. Das heißt, einer

schon: der Bassa Selim in der *Entführung*. Das war zwar nur eine Sprechpartie, aber mit viel Schminke schaffte es der junge Erich, wie ein würdiger, älterer Bassa auszusehen. Das war natürlich keine Partie, mit der man gleich die große Karriere beginnen konnte, weil der Bassa ja nicht einen Ton zu singen hat.

Deswegen begann die internationale Karriere von Erich Kunz erst, als die Kriegsdirektion der Staatsoper die Direktion der Bayreuther Festspiele zu einer *Meistersinger*-Vorstellung einlud, weil es in Wien einen für Bayreuth sicher interessanten Beckmesser zu sehen und zu hören gab. Die Verantwortlichen kamen und engagierten sofort Erich Kunz für 1943 nach Bayreuth. Paul Schöffler sang damals schon einen herrlichen Sachs, Hermann Abendroth dirigierte. Trotz des künstlerischen Erfolgs war die Atmosphäre in Bayreuth keine, die Erich Kunz schätzte, es waren zuviele Polizisten und Spitzel unterwegs, die einen immer wieder um Ausweise fragten, die man unverzüglich vorzuweisen hatte. Diesen Zwang hatte Kunz bald satt, und er beschloß, als er im nächsten Jahr wieder ein Vertragsangebot von Bayreuth erhielt, dieses einfach abzulehnen. Winifred Wagner, die damalige Leiterin der Festspiele, schickte seine Ablehnung sofort nach Berlin, und der damalige Generalintendant Heinz Tietjen schrieb einen Brief an Erich Kunz, in dem er privat mitteilte, welchen Fehler er mit dieser Ablehnung mache, und es würde ihm, dem Intendanten, sehr leid tun, müsse er dem von ihm geschätzten Künstler offiziell „an den Kragen gehen". Ein sogar schriftlich strammes „Heil Hitler" beschloß diesen Brief, der einem schon Angst machen konnte. Was tun? Ein Arzt half mit seinen Attesten, Erich erst einmal von den Bayreuther Proben zu befreien. Aber Bayreuth war beleidigt und zog die schützende Hand von dem Sänger, der nun einzurücken gehabt hätte. Lediglich Dr. Riedinger vom Wiener Rundfunk gelang es, das Einrücken von Erich Kunz zum Militär durch ein Engagement fürs Radio zu verhindern.

Trotzdem sahen 1951 die ersten *Meistersinger* in Bayreuth nach dem Krieg wieder Kunz als Beckmesser. Und das war eine besonders schwere Saison, denn gleichzeitig war er auch bei den Salzburger Festspielen als Papageno engagiert. Das bedeutete, daß er zwischen den Proben und auch zwischen den Vorstellungen immer

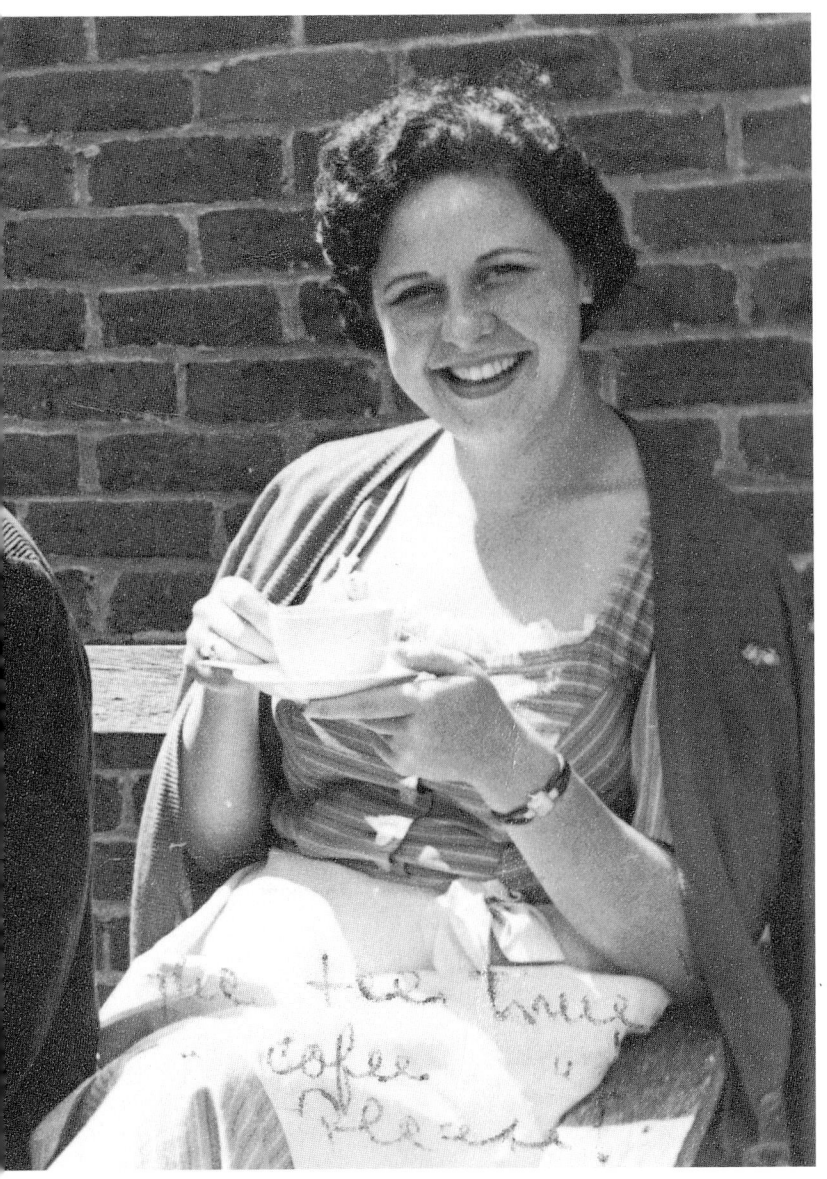

Erich Kunz mit Hedda Heusser und Sieglinde Wagner,
Glyndebourne 1950

zwischen Bayreuth und Salzburg zu pendeln hatte - ganz schön anstrengend, dieser Sommer.

Als es nach dem Krieg wieder möglich war, zu reisen, wollten auch Covent Garden in London und die Met in New York den Bayreuther Beckmesser aus Wien. Bei einem seiner Gastspiele an der Met hat Kunz als Beckmesser so gut gefallen, daß er mitten in der Szene mit Zwischenapplaus bedacht wurde. Das war aber an diesem Opernhaus etwas vollkommen Ungewohntes. Deshalb glaubten die Bühnenarbeiter, der Schlußapplaus habe eingesetzt, springen herein und beginnen die Schusterstube ab- und die Festwiese aufzubauen.

Daneben wurden im Rahmen der Gastspiele der Wiener Staatsoper im Ausland speziell mit Mozart Triumphe gefeiert, in Brüssel, in Paris und in London, und es war damals keine Mozartoper ohne Erich Kunz denkbar. Auch seine Frau erinnert sich, daß die Reisen in den Sonderzügen und die Vorstellungen eine ununterbrochene Folge von Jubel und Feiern gewesen sind.

Freilich kam es auch zu kuriosen Situationen, wenn er seine Lieblingsrolle, den Papageno, im Ausland verkörperte. Da war diese ungarische Aufführung, wo er als einziger in deutscher Sprache gesungen hat, was dann vor allem im Dialog mit der Papagena - „Da bin ich schon, mein Engel", „Du hast Dich meiner erbarmt?" „Ja, mein Engel!" usw. - zum Problem geworden ist. Und da war der Auftritt in Oslo, wo zwar das Publikum deutsch verstand und alle seine Witze mit Beifall quittierte, wo aber die anderen Darsteller norwegisch sprachen und sangen. So auch der Priester, der in einem langen Satz Papageno zur Tugend ermahnt, worauf Erich Kunz an die Rampe geht und zum Publikum gewendet meint: „Wenn der wüßte, daß ich KEIN Wort verstanden habe…!"

Als Beckmesser in *Die Meistersinger von Nürnberg*, Bayreuth

Nicht nur im Rahmen der Staatsoper gastierte Erich Kunz, immer wieder wurde er von den größten Opernhäusern eingeladen, in seinen bekannten Partien zu gastieren. Mit Herbert von Karajan war er an der Mailänder Scala, dieser Dirigent schätzte gerade seinen Faninal, von dem es ja jetzt eine Videokassette gibt, mit der man die Klasse des Erich Kunz und des Karajanschen *Rosenkavaliers* objektiv beweisen kann.

Damals fehlte in der Besetzung die kleine Partie des Notars im ersten Akt, und Karajan fragte Kunz, ob er denn diese Partie nicht „mitsingen" könne. Nun hatte Erich in Wien einen Freund, Dr. Bruno Fichtinger, der immer wieder davon geschwärmt hatte, wie schön es doch sein müsse, mit den großen Sängern der Zeit zusammen auf einem Plakat zu stehen. Da meinte Erich Kunz, er werde den Notar in Mailand singen, jedoch unter dem Namen Bruno Fichtinger. Der war dann sehr erstaunt, als er das Plakat der Mailänder Scala zugeschickt bekam, auf dem er lesen konnte: „Ein Notar....Bruno Fichtinger". Einige Jahre später machte Karajan wieder *Rosenkavalier* in Mailand, wieder sollte Erich Kunz den Faninal singen, und Erich erwähnte, auch den Notar wieder spielen zu wollen, weil das ja auch noch eine Zubesserung der Gage brächte. Er war sehr erstaunt, als die Mailänder sagten, sie wollten wohl Kunz als Faninal, aber als Notar wäre ihnen der damalige Bruno Fichtinger lieber.

In Wien stand Kunz in seinen großen Partien auf der Bühne, er scheute sich allerdings nicht, auch die kleinsten Partien zu singen und machte aus ihnen Kabinettstücke, bei denen er mit einem kurzen Auftritt durch seine Persönlichkeit die namhaften Hauptpartien oft in den Schatten stellte. Unvergessen wird für mich sein Auftritt als einer der Juden in der *Salome* sein. An der Stelle, wo Herodes zu singen hat, daß seiner Meinung nach ein Wind wehe, steckte Erich Kunz den Zeigefinger erst in den Mund und dann gegen den Himmel, um den vom König angesagten Wind zu spüren, und schüttelte darauf enttäuscht den Kopf, weil der König Dinge behauptet hatte, die nicht stimmten. Natürlich konnte sich der Herodes dann zu Tode singen, jeder wartete nur auf den nächsten Gag Erichs, der aber mit solchen Kleinigkeiten nie aus der Rolle fiel, sondern immer nur im Rahmen seiner Bühnenfigur Handlungen setzte, die die Zuschauer jubeln ließen. Dazu gehörte auch sein Wortwitz, wenn er etwa im *Wildschütz* als Baculus sang „...soll ich Kammersänger bleiben, oder mich dem Suff verschreiben...", oder wenn er in der *Verkauften Braut* die Anwesenden folgendermaßen begrüßte: „Meine sehr verkehrten Damen und Herren, mein hochüberschätztes Publikum".

Auf einen großen Nenner bringt es Gundula Janowitz, wenn sie vom „...Lächeln und Lachen, wenn ich an die vielen Späße denke, die wir Erich Kunz verdanken," schreibt.

Und was hat er nicht alles gesungen: *Fra Diavolo, Hoffmanns Erzählungen, Carmen, Carmina Burana, Palestrina*, und natürlich sehr viel Operette: *Wiener Blut, Nacht in Venedig, Zigeunerbaron, Fledermaus, Schöne Helena* usw. Auch nach der Operneröffnung des Jahres 1955, bei der er wieder Beckmesser und Leporello war, sang er immer wieder in der Volksoper in beispielhaften Operettenproduktionen. In der *Fledermaus*, im *Zigeunerbaron* und als bezaubernder Montschi im *Walzertraum*.

Bei einer Japan-Tournee 1959 singt Paul Schöffler die Titelrolle im *Don Giovanni* und Erich Kunz den Leporello. Es beginnt der 2. Akt, Erich Kunz steht auf der Bühne bereit zum Duett, aber sein Partner Schöffler fehlt. Heinrich Hollreiser dirigiert eifrig - und Erich Kunz singt beide Partien, bis sein Partner kommt. So weit, so gut, diese Vielseitigkeit ist genau das, wofür er ja berühmt ist. Aber die Geschichte geht weiter. Etwa ein Jahr später erzählt Kunz in der Garderobe eben jene Episode aus Japan. Er redet und redet, alle lachen, auf einmal hört er aus der

Gianni Schicci, mit Sieglinde Wagner und Emmy Funk (rechts), Volksoper 1959/60

Ferne Eberhard Wächter als Don Giovanni, wie er seinen, den Leporello-Text in dem bewußten Duett mitsingt. Da ist also dem Erich Kunz genau das passiert, was vorher Paul Schöffler widerfahren war.

Mehr als 4000 Vorstellungen hat er gesungen und viele Direktionen hat er erlebt - und auch überlebt: Strohm, Schneider, Müthel, Böhm, Jerger, Salmhofer, nochmals Böhm, Karajan, Hilbert, Reif-Gintl, Gamsjäger, Seefehlner, Maazel - ohne die Volksoperndirektoren zu nennen. Sein letzter Direktor war auch der letzte „gelernte" Direktor der Staatsoper, Claus Helmut Drese, der ihn gerne bis zu seinem Direktionsende beschäftigt hätte, aber nach 47 Jahren, die er an der Wiener Staatsoper gesungen hatte, beschloß Erich Kunz, in Pension zu gehen.

Karl Dönch, langjähriger Direktor an der Volksoper, erzählt folgendes: Er war in seinem ursprünglichen Beruf Gärtner gewesen und sagte daher in einem Interview, er sei in die Baumschule gegangen. Das veranlaßte Erich Kunz, ihn zu bitten, er möge sich seine Rosen ansehen, die nicht richtig blühen wollten. Dönch kam und stellte fest, daß man die Rosen komplett zurückschneiden müsse, und trotz der sichtbaren Angst der Kunz'schen Familie tat er rigoros. Am Abend war *Figaro* angesetzt, und Dönch hörte, wie Kunz in der Garderobe erzählte: „Ich weiß zwar nicht, was ich dem Dönch jemals angetan hab', aber heute hat er sich fürchterlich dafür gerächt und mir meine sämtlichen Rosen ruiniert!..." Die sind übrigens nach der fachmännischen Pflege doch besonders schön gewachsen.

Wie sehr Erich Kunz trotz ständiger Bühnenpräsenz in Wien und Salzburg ein international gefragter Sänger war, zeigt eine kleine Liste jener Orte, an denen er aufgetreten ist, von ihm selbst aus der Erinnerung zusammengestellt:

Figaros Hochzeit, Salzburger Festspiele 1956

Aix en Provence
Edinburg
Moskau
Sofia

Antwerpen
Florenz
München
St. Gallen

Bayreuth
Frankfurt
Neapel
Stockholm

Berlin
Genf
New York
Turin

Brüssel
Glyndebourne
Nizza
Venedig

Budapest
Hamburg
Oslo
Washington

Buenos Aires
Kopenhagen
Paris
Zürich

Bukarest
Lissabon
Prag

Chicago
London
Rom

Den Haag
Mailand
San Antonio

Diese Reisen bedeuteten fast die einzigen gemeinsamen Reisen mit der Ehefrau oder auch den Kindern, weil für Urlaub keine Zeit blieb, und sie bedeuteten oft vermehrte Arbeit, etwa wenn er auf der Schiffsreise nach Südamerika seine Rolle studieren mußte, während die Kollegen dem dolce vita der luxuriösen Umgebung huldigten. Trotzdem oder gerade deswegen wirkte auch hier der unversiegbare Einfallsreichtum von Erich Kunz, um Situationen herbeizuführen, die man mit einem modischen Begriff als Realsatire bezeichnen könnte:

Probepause, Salzburg 1956

Papageno. Wien 1948; Foto Fayer

Papageno mit Irmgard Seefried, Theater an der Wien, Jänner 1948

So hat er einmal nach einem Gastspiel in Wiesbaden eine Projektionsleinwand, so eine Perlleinwand, gekauft, die in einem entsprechenden Etui transportiert wurde. Dann fuhr er im Schlafwagen gemeinsam mit Peter Klein nach Hause. Als der Zöllner seine obligate Frage stellt, rät ihm Erich Kunz ganz unverfänglich, doch bei seinem Kollegen näher nachzusehen, der 20 Flaschen Wein mit sich führe. Dieser wehrt sich freilich, meint: „So eine Gemeinheit, 10 Flaschen gehören doch dem da" und schlägt im Gegenzug vor zu prüfen, was jenes Etui beinhalte. Doch Erich Kunz ist keineswegs in Verlegenheit gebracht. „Das ist mein Werkzeug", sagt er, „ich habe doch den Papageno gesungen, und das ist meine Zauberflöte ..." - womit die Sache in Ordnung gebracht ist.

Ein andermal hat eine Kollegin ein paar Meter Seide erworben und zeigt Kunz stolz den Ballen, stolz auch das gute Versteck, das sie dafür gefunden hat. Dennoch muß sie wenig später im Zug erleben, daß ein Zöllner das Abteil betritt, zielstrebig auf eben dieses gute Versteck zeigt und den Stoff beschlagnahmt. Erich Kunz hingegen erweist sich als wahrer Freund. Er macht sich gegen eine Einladung zum Essen für alle erbötig, mit speziellen Beziehungen die Seide wieder zu beschaffen, was ihm tatsächlich auch gelingt. Freilich weiß bis heute niemand, woher der von ihm gedungene Statist die täuschend ähnliche Uniform hatte.

Was einem an seiner Karriere eventuell, wenn man tüfteln will, fehlen könnte, wären Liederabende. Als Student, also zu der Zeit, in der man normalerweise die meisten Lieder lernt, hatte Kunz einfach keine Zeit dazu, immerhin war er berufstätig und hatte erst am Abend Gelegenheit, seine Gesangsstunden zu absolvieren. Später hat er die ungeheure Schwierigkeit des Liedgesangs wohl erkannt,

Zauberflöte, Salzburger Festspiele: Foto Fayer

Papageno, Salzburg 1955

und wieder kaum Zeit aufgebracht, neben seinen zahllosen Opernauftritten sich intensiv mit dem Lied zu beschäftigen. Und da er auch bei Liederabenden auf seine gewohnte Perfektion nicht verzichten wollte, ließ er es lieber.

Auf Schallplatten kann man aber erkennen, daß uns ein großer Genuß im Konzertsaal vorenthalten wurde. Auf Platten sang er beispielsweise Lieder, die Anton Paulik instrumentiert hatte, mit Anton Paulik nahm er auch Studentenlieder auf. Da hatte ihn ein amerikanischer Produzent dazu überredet, leider zu einem sehr bescheidenen Honorar, weil Erich Kunz dachte, der arme Amerikaner könne bei so einem Projekt nur sein Geld verlieren. Deshalb war er auch sehr erstaunt, als Rita Streich, von Amerika kommend, ihm erzählte, daß er mit diesen Studentenliedern in Amerika einen Bestseller gelandet hätte. Das war zwar sehr schön, doch pekuniär hatte er nichts davon. Auch zur Aufnahme seiner berühmten Wiener Lieder mußte er erst überredet werden. Er hatte diese Art Musik immer wieder abgelehnt, weil ihn, wie er sagt, die ordinäre Sprache und das unmögliche Singen vieler sogenannter Heurigensänger störte. Der Engländer Walter Legge, der Gatte Elisabeth Schwarzkopfs, überredete ihn, sich doch solcher Lieder an- und sie aufzunehmen, eben auf seine noble Art in Aussprache und Gesang. Und je mehr Erich Kunz sich mit dieser Musik beschäftigte, desto mehr fand er Gefallen daran, und wir verdanken ihm heute eine große Zahl von herrlich gesungenen, empfundenen Wiener Liedern. Das führte dazu, daß auch viele andere Opernsänger versuchten, Wiener Lieder zu singen, was schließlich die Vereinigung der Wiener-Lieder-Sänger veranlaßte, sich öffentlich zu beklagen, daß ihnen die Opernsänger das Geschäft wegnähmen. Ich (E. P.) erinnere mich, daß wir damals ebenso öffentlich antworteten, wir hätten diese Absicht niemals, und um das zu beweisen, stellten wir den Wiener-Lieder-Sängern frei, ebenfalls Oper zu singen.

Einer, der heute ebenso das Wiener-Lied liebt und auch sonst vieles mit Erich Kunz gemeinsam hat, ist Waldemar Kmentt, der sich noch genau an das erste Zusammentreffen eines am Anfang seiner Karriere stehenden Sängers mit dem populären Star der Wiener Bühne erinnert:

Eines Tages studierte ich - damals,Anfang der Fünfziger Jahre
ein blutiger Anfänger - den Wochenspielplan der Volksoper,
als deren damals jüngstes Mitglied ich engagiert war,da stockte
mir der Atem: Ich war als Graf Almaviva in Rossinis
"Der Barbier von Sevilla" angesetzt.Das allein war schon aufregend
genug,aber was mich beinahe umwarf:Der Don Bartolo in dieser
Vorstellung war Erich K u n z !
Ich durfte mit dem weltberühmten Figaro,Papageno,Leporello
auf der Bühne stehen , welche große Ehre!
Nun,ich hoffe,lieber Erich,daß ich damals neben Dir eine passable
Figur gemacht habe,jedenfalls warst Du rührend nett mit dem
jungen Tenor,so daß er seine anfängliche Nervosität bald
überwand.
Inzwischen sind ziemlich genau 40 Jahre vergangen und was haben
wir in dieser Zeit nicht alles gemeinsam gesungen!
    An die hundertmal war ich Dein Tamino an der Staatsoper,
ungezählte male Dein Partner in "Don Giovanni","Cosi fan tutte",
"Hoffmanns Erzählungen","Don Pasquale",und,und,und....
Es waren herrliche Jahre und ich habe Dich immer Deines Charmes
und geradezu umwerfenden Spieltalentes wegen bewundert.
Du warst und bist in Deinem Fach eine absolut einmalige
Erscheinung und ich bin Dir zutiefst dankbar,mich zu Deinen
Freunden zählen zu dürfen.

        Dein alter

Cosi fan tutte, Salzburg 1954

Cosi fan tutte, Salzburg 1956

Als Zettel in Benjamin Brittens *Sommernachtstraum*, Staatsoper 1962

Als Menelaus in *Die Schöne Helena*, Volksoper 1955

Immer wieder wird in Kritiken die besonders ausgeprägte theatrali-
sche Begabung gelobt, „Schauspielsänger" dient nur als Wort-
krücke zur Bezeichnung des Umstandes, daß - wie er rückblickend
sagt - kein Regisseur jemals Schwierigkeiten mit ihm hatte und
auch viele darstellerische Details, die er quasi improvisierend er-
funden hat, fixer Bestandteil von Inszenierungen geworden sind.
Welch guter Schauspieler er war, zeigte er nicht nur bei seinen vielen Opern- und Operettenpartien, nicht nur durch seine zahlreichen
Ehrungen, sondern auch im Film.

ÖSTERREICHISCHE FILMGESCHICHTE 30ER JAHRE

In den letzten Jahren vor dem Ersten Weltkrieg erlebte die junge
österreichische Filmproduktion einen unaufhaltsamen Aufstieg,
der bis in die Anfänge der Ersten Republik andauerte, wo rund um
Wien gigantische Filmbauten errichtet und einige der nun moder-
nen Monumentalfilme gedreht wurden. Die Wirtschaftskrise der
Zwanzigerjahre setze dieser Entwicklung allerdings ein jähes
Ende, es wurde kaum noch produziert, und statt dessen über-
schwemmten amerikanische Filme den Markt, Schauspieler, Tech-
niker, Regisseure wanderten ab ins Ausland. Am Ende dieses Jahr-
zehnts wurde der Tonfilm entwickelt, und schon 1929 fand - ein
Jahr vor der Produktion des letzten österreichischen Stummfilms -
die erste öffentliche Vorführung eines abendfüllenden Nadeltonfilms in Wien statt, ebenso wie die Erstaufführung des ersten österreichischen Nadeltonfilms *G'schichten aus der Steiermark*. Noch
im selben Jahr wurde die Technik der Tonaufnahme verbessert: das
bis 1938 angewendete erste österreichische Lichttonsystem *Seleno-
phon* verlegte die Tonspur auf den Filmstreifen, die somit zum Bild
synchron abgespielt werden konnte. 1930 wurden die Filmateliers
in Sievering den Notwendigkeiten von Tonfilmaufnahmen ange-
paßt, 1933 wurden die Ateliers auf dem Rosenhügel von der *Tobis-
Sascha Filmindustrie AG* übernommen und ebenfalls adaptiert und
damit die ersten Schritte auf dem Weg zur *Wien-Film*-Produktion
gemacht, die ab 1938 zum Markenzeichen werden sollte.
Daher wurde die Ausbildung des Nachwuchses für dieses mit mas-

Mit Herbert von Karajan bei der Probe zu *Salome*, Salzburg 1977;
Foto Siegfried Lauterwasser

senhafter Wirkung ausgestattete Medium systematisch organisiert und betrieben. 1933 wurde das *Universelle Lehrinstitut für Tonfilmkunst* in den Atelierräumen am Bauernmarkt gegründet, wo der Unterricht sowohl Sprechtechnik wie auch Filmdramaturgie und Tonfilmregie umfaßte. Ein weiteres Tonfilmseminar gab es am Wiener Fischhof, das in zehn Monaten Ausbildungszeit vor allem die schauspielerischen Techniken des Tonfilms vermittelte.

In diesem Rahmen spielten sich auch die ersten Schritte von Erich Kunz im Medium Film ab, die nur mehr durch zwei erhaltene Artikel dokumentiert werden können, bei denen weder Datum noch Titel der Zeitung vermerkt sind. Unter dem Titel „Stars von morgen. Künftige ‚Garbos‘ und ‚Albers‘ werden geprüft" wird von einer Prüfung des Filmseminars im *Konservatorium Lutwak-Patonay* berichtet, bei der einige Szenen so gespielt werden, als wäre die Kamera dabei. Die als beachtlich gelobten Leistungen erwähnen auch namentlich Erich Kunz. Der Artikel *Tonfilmnachwuchs* bezieht sich offenbar auf dasselbe Ereignis, nämlich die Vorführung von Filmszenen auf der Bühne durch Hörer des Filmseminars, das dem *Konservatorium für Musik und dramatische Kunst,* wie der offizielle Name der von Lutwak und Patonay geleiteten Anstalt lautet, angegliedert ist. Auch hier wird die stimmliche Begabung zusammen mit der schauspielerischen gelobt: „Herr Erich Kunz zeigte sich nicht nur als charakteristischer, diskreter, sympathischer Darsteller, sondern auch als prachtvoller Sänger mit brillant geschulter Baritonstimme."

Die wirtschaftliche und ideelle Bedeutung der Filmproduktion für Österreich war damals groß, wie ein Blick auf die noch immer viel zu wenig erarbeitete Filmgeschichte zeigt.

Zigeunerbaron, 16. Oktober 1977

Die neuen Möglichkeiten des Mediums faszinierten Komponisten, Theaterleute, Operettenkomiker, aber auch Opernsänger, die eine ungeahnte Steigerung ihrer Popularität erlebten; Maria Jeritza, Jarmila Novotna, Erna Sack, Martha Eggert, Alfred Piccaver, Joseph Schmidt, Jan Kiepura, Alfred Jerger - sie alle spielten in österreichischen Tonfilmen dieser Zeit wichtige Rollen. Oper und Operette bildeten die häufigsten Filminhalte, große Beliebtheit erlangte auch der Künstlerfilm, der durch Darstellung einer meist tragischen Liebesepisode das Leben und Wirken eines großen Komponisten popularisiert. Zu diesem Genre gehört als typisches Produkt die erste Regiearbeit (1933) des schon als Schauspieler berühmten Willi Forst: In *Leise flehen meine Lieder* hegt Hans Jaray als Franz Schubert eine unerfüllte Liebe zu seiner Schülerin - der von Martha Eggert dargestellten Comtesse Caroline Esterházy. Forsts weitere Filme sind für die österreichische Filmproduktion der kommenden Jahre wesentlich und ein wichtiger Bestandteil des werbewirksamen Rufes, den der *Musikfilm aus Wien,* die weite Verbreitung des Bildes vom *Musikland Österreich* durch die filmische Darstellung gewinnt. Die *Wiener Filme* mit historischem Kolorit, einer volkstümlichen Handlung, Betonung der schauspielerischen Darstellung und viel Musik - meist der Gattung Alltagslustspiel, historischer Film oder Sängerfilm zugehörig - dominierten ab 1934 zunehmend die heimische Produktion. In konsequenter Fortsetzung dieser Entwicklung wird nach dem Anschluß von der 1939, in Anlehnung an das UFA-Signet mit einem Notenschlüssel als Firmenzeichen gegründeten *Wien-Film* dieses Image weiter gepflegt, trotz offizieller Abgrenzung von den als süßlich, kitschig diffamierten Filmen der unmittelbaren Vergangenheit.

Ein besonderes Augenmerk werden wir der Musik widmen, die in Wien so sehr beheimatet ist.
(Karl Hartl in der Zeitschrift *Mein Film in Wien* 1939)
Die Wien-Film und ihre Verantwortlichen nahmen den Firmennamen sehr genau und inszenierten, spielten und gestalteten sich durch 300 Jahre Wiener Kulturgeschichte. (Walter Fritz: „Wiener Blut" im Dritten Reich 1938 -1945, Ausstellungskatalog „Maskerade")

Der erste von dieser Firma produzierte Film, *Unsterblicher Walzer,* hat das Leben von Johann Strauß zum Thema, der Mozartfilm von 1942, *Wen die Götter lieben,* wird mit dem Prädikat „staatspolitisch und künstlerisch besonders wertvoll" versehen. Die politische Einflußnahme auf die Filmproduktion stellt sich dabei im Rückblick allerdings als harmlos dar, ja die Arbeit in den Wiener Studios wird gar zum Bestandteil des heute allenthalben feierlich betonten Widerstandes gegen das Regime. Jedenfalls sieht das der Produktionsleiter Karl Hartl in den siebziger Jahren so und auch der gleichzeitig für eine Fernsehserie befragte Hans Holt. Nach 1945 ist es zunächst schwierig, im viergeteilten Wien Filme zu drehen. Trotz aller technischen und wirtschaftlichen Probleme wird aber bald die österreichische Filmproduktion aufgebaut und auch das bisher erfolgreiche Genre Musikfilm - Komponistenfilm wieder gepflegt, obwohl kritische Stimmen darin den falschen Weg sehen: 1947 dreht Heinz Hanus den Schubertfilm *Seine einzige Liebe,* Gustav Ucicky ist im selben Jahr Regisseur des Filmes *Singende Engel,* in dem die Wiener Sängerknaben auftreten und auch Joseph Haydn dargestellt wird, und 1949 entsteht mit dem Regisseur Walter Kolm-Veltée der seit 1918 dritte österreichische Beethovenfilm *Eroica* mit Ewald Balser als Darsteller der Hauptfigur. Die Jahre zwischen 1950 und 1955 bilden sowohl quantitativ als auch qualitativ den Höhepunkt der österreichischen Filmproduktion der Nachkriegszeit. Neben Filmen, die das alte Wien und die Kaiserzeit beschwören, gibt es jetzt vor allem die vielfältigen Formen des Musikfilmes, mit Verfilmung von Operetten und Opern, als Künstlerbiographien und - unter der Regie von Ernst Marischka und mit Rudolf Schock als Hauptdarsteller - auch einige Sängerfilme in der Tradition der dreißiger Jahre, wobei die Werbung für das *Musikland Österreich* sowohl die kulturelle Bedeutung und Eigenständigkeit des von Alliierten besetzten Landes betont, als auch den Fremdenverkehr als Einnahmsquelle fördern soll. Zeitgeschichtliche Themen dagegen werden selten dargestellt, Experimentelles beschränkt sich auf wenige Ansätze. Die Konjunktur österreichischer Filme in der Tradition der dreißiger Jahre, d.h. mit einem hohen Anteil an und Stellenwert von Musik, hat auch Erich Kunz in

Graf von Luxemburg, 1972

einer der Vielseitigkeit seines sängerischen und schauspielerischen Talentes entsprechenden Art dem Medium verbunden.

„Höllische Liebe", 1949

Mit Elisabeth Schwarzkopf in *Die Hochzeit des Figaro*, Salzburg 1947

ERICH KUNZ UND SEINE FILME

Erich Kunz ist auch im Film nicht der mit Allüren behaftete Star, der das Geschehen soweit dominiert, daß alle übrigen Darsteller und die Handlung selbst zur Hülle seiner Selbstinszenierung verkommen. Es gibt keinen Kunz-Film in dieser Art, die einen Tauber-Film, einen Kiepura-Film, einen Gigli-Film ausmacht. Auch gibt es mit ihm keinen jener Filme, die in der Fan-Gemeinde des Stars ihr sicheres Publikum haben, ungeachtet seiner sängerischen oder darstellerischen Leistung. Dennoch hat Erich Kunz jeden Film wesentlich geprägt, an dem er mitgewirkt hat. Wie bei ihm auf der Bühne, so liegt auch beim Film die Betonung auf *mit*gewirkt. Als Teil des Gesamtgeschehens trägt er es auf eine ebenso unverwechselbare wie unverzichtbare Weise.

Seine erste Rolle spielt er in einem Film des Regisseurs Géza von Cziffra mit dem Titel *Höllische Liebe*. Diese musikalische Komödie entsteht 1949, d.h. im selben Jahr wie der erwähnte Beethovenfilm *Eroica*, und ist das Gegenstück zu dem ein Jahr zuvor entstandenen Cziffra-Film *Himmlischer Walzer*. Während hier ein Engel auf die Erde herabsteigt, um beim Wiener Modekönig die irdische Kleidung zu studieren, und sich dabei so unsterblich verliebt, daß er nicht mehr zurückkehren will, ist es im Fall der *Höllischen Liebe* ein Teufel, der sich nicht minder heftig in einen Revue-Star verliebt und sich daher ebenfalls weigert, die Erde wieder zu verlassen. Erich Kunz ist dabei in der Rolle des Oberteufels Belial zu sehen, der das Geschehen auf Erden überwacht. Weitere Hauptrollen des Filmes werden von Elfie Mayerhofer, Vera Molnár, Hans Holt und Karl Schönböck verkörpert. Während der *Himmlische Walzer* bereits mehrfach in diversen Fernsehprogrammen ausgestrahlt wurde, ist die *Höllische Liebe* heute deshalb weitgehend unbekannt, weil erst vor kurzem im *Österreichischen Filmarchiv* ein bisher fehlender Teil aufgefunden und der Film komplettiert werden konnte.

1954 entsteht ein vom Unterrichtsministerium geförderter Film, der das bereits zur Legende werdende hohe Niveau der Mozart-Pflege seit 1945 dokumentiert und hilft, die Kenntnis davon massenhaft zu verbreiten. *Unsterblicher Mozart* ist eine Szenenfolge aus drei Opern - *Don Giovanni, Hochzeit des Figaro* und *Entführung aus dem Serail* -, die versucht, ohne Rücksicht auf die spezifischen Anforderungen des Mediums mit den dramaturgischen Gesetzen des Theaters auszukommen. Daraus resultiert verfilmtes Bühnengeschehen, ein künstlerisches Zwischenprodukt, aber ein wertvolles Zeitdokument, dem Erich Kunz den Stempel seiner schauspielerischen Fähigkeiten aufgedrückt hat. Im Finale des zweiten Aktes aus *Don Giovanni* tritt er neben Paul Schöffler in der Titelrolle als Leporello auf, im Ausschnitt aus *Figaros Hochzeit* spielt er die Titelrolle.

> Die österreichische Szenenfolge aus drei Opern, *Unsterblicher Mozart*, scheint sogar einen Schritt darüber hinaus, einen Schritt in Zukunftsland zu tun. Indem sie bewußt alle bisher als urfilmisch verkannten Bewegungen, Raumaufsprengungen und optischen Koketterien abschüttelt und Opernszenen ganz einfach und mätzchenfrei in die alte Guckkastenbühne stellt, gibt sie dem Slogan von der „Filmkonserve" einen neuen Sinn und legt neue Schichten der demokratischen Verwandtschaft von Film und Fernsehen bloß, die heute noch mannigfach bestritten werden. ... Ueber die Stimmen ... erhebt sich immer wieder die komödiantische Verve des Schauspielsängers Erich Kunz, ganz mozartisch, schöpferisch, österreichisch. Inmitten einer 30-Premieren-Woche (!) das große Ereignis. (Furche, 4.12.1954)

Außerdem wird ein solches Produkt als Demokratisierung von Hochkultur positiv bewertet, ganz in der Tradition vom „Kunstwerk im Zeitalter seiner technischen Reproduzierbarkeit" (Walter Benjamin), selbst wenn die unfilmische Gestaltung nicht unbemerkt bleibt:

> Mozart um fünf Schilling, das ist recht und billig, und darum können die Produzenten des Streifens *Unsterblicher Mozart* nicht genug gelobt werden. Vermittelt er

Das Ehepaar Kunz als Papageno und Papagena, um 1947

Programmheft zu *Unsterblicher Mozart*

doch allen Opernfreunden einen erlesenen Genuß und überdies die Möglichkeit, ihre Lieblinge so nah zu sehen, wie dies vom Stehparterre oder von der Galerie aus nie möglich ist. Der Film freilich ist nicht recht, sondern nur billig, sofern man bei dieser Aneinanderreihung von singenden Standphotos überhaupt von einem Film reden kann. *Unsterblicher Mozart* - wer unsterblich ist, läßt sich auch auf Zelluloid nicht umbringen. Und Mozart ist generös genug, seine Filmzuhörer vergessen zu lassen, daß da ein Regisseur versäumt hat, einen Film drehen zu wollen. (Neuer Kurier, 3.12.1954)

Den Bühnenstar Erich Kunz vermitteln auch Opern- und Operettenfilme. Seine Erfolge als Sänger von Wienerliedern lassen ihn für seine Rolle in dem Film *Das ist mein Wien (Ewiges Wienerlied)* 1965 besonders geeignet erscheinen, einem Streifen, der in historisch gereihten, fiktiven Einzelszenen die Geschichte der Wiener Musik populär aufbereitet, wobei der Sänger Erich Kunz als Reiseleiter zwischen den Bildern vermittelt und dabei sein Talent zur komischen Darstellung weidlich nützt.

Kunz ist aber nicht nur im Fall der Musik-Dokumentationen und Opernverfilmungen, bei denen die dramaturgische Situation der Bühnensituation sehr nahe kommt, als Darsteller allgegenwärtig, sondern auch bei den Spielfilmen. Der 1955 entstandene Film *Mozart*, in der Bundesrepublik zu *Reich mir die Hand mein Leben* umgeschnitten, erzählt die Ereignisse um die Komposition der Zauberflöte und Mozarts frühen Tod und stellt dabei die Liebesbeziehung Mozarts zu Anna Gottlieb, der Sängerin der *Pamina,* dar. Die zahlreichen Opernszenen werden von den Mitgliedern des damals berühmten Mozart-Ensembles gesungen. Erich Kunz ist in einer seiner berühmtesten Rollen als *Papageno* zu hören, und er stellt sie als einziger Sänger auch dar, weil er darüber hinaus als Emanuel Schikaneder in einer der Hauptrollen der Spielhandlung neben und mit dem hochkarätigen Schauspieler Oskar Werner als Mozart agiert, wobei er in jeder einzelnen Einstellung mit Gestik und Mimik präsent ist. Sogar wenn die Kamera, ebenso im Dienst der zen-

Programmheft zu *Reich mir die Hand mein Leben*

tralen Handlung wie als Tribut an das damit verbundene Star-Theater, in ausdrucksvollen Nahaufnahmen die heftigen Gefühle des Liebespaares wiedergibt und nur nebenbei über die als Szenenhintergrund statisch verharrenden übrigen Darsteller schwenkt, ist bei Erich Kunz zu beobachten, wie er mitspielt, wie er mitfühlt.

Nun aber, da alle Welt von der Konjunktur des bevorstehenden Mozart-Jahres profitieren und Mozart-Filme drehen will, konnte es nicht ausbleiben, daß man sich auf einen Mozart-Sänger wie ihn stürzte. So wird er also in dem Film, in dem Oskar Werner für die Darstellung Mozarts ausersehen ist, den Schikaneder spielen, der, Musikant und Schauspieler, Autor und Theaterleiter, durch das Schikaneder-Schlössl, das zuerst er und dann Lehár bewohnten, im Volksbewußtsein weiterlebt. Von ihm stammt bekanntlich das Textbuch zur *Zauberflöte*, in der er seinerzeit auch den Papageno gab - heute eine Glanzrolle Erich Kunz'.
Was Erich Kunz auf der ganzen Welt so beliebt gemacht hat, ist ein zutiefst wienerisches Geheimnis: es besteht darin, daß er weder als ein „großer" Sänger noch als ein „großer" Schauspieler wirkt. Das mag paradox klingen. Aber wenn uns nicht alles trügt, so war es gerade dieses Geheimnis, durch das alle tief im österreichischen Volksbewußtsein wurzelnden Künstler, von Raimund bis Girardi, unsterblich wurden.
(1954: Wiener Wochen-Magazin: Magazin des Films, S.12: Licht und Dunkel. Aus unserer Filmgalerie: Erich Kunz)

Das Dreimäderlhaus ist der filmische Beitrag zum Schubert-Jahr 1958 und gleichzeitig einer der von Regisseur Ernst Marischka gestalteten Sängerfilme mit Rudolf Schock. Dessen Karriere beim Film übrigens ist ebenfalls auf Erich Kunz zurückzuführen, der einmal wegen seiner Verpflichtungen an der Staatsoper keine Zeit zum Filmen hatte und stattdessen Rudolf Schock empfohlen hat, der daraufhin immer wieder eingesetzt wurde - so auch hier.

Die schon als Stoff der gleichnamigen Operette allseits beliebte Geschichte der unglücklichen Liebe zur jüngsten Tochter des Hauses Tschöll wird mit wenig eindringlichen Episoden um das Drama von Beethovens Ertaubung angereichert, die seinerzeit vom ungarischen Komponisten Heinrich Berté arrangierte Musik Schuberts teilweise original dargeboten, teilweise neu arrangiert. Erich Kunz verkörpert den Dichter Johann Mayrhofer, d.h. eine Rolle, deren musikalischer Gehalt sich auf das Begleiten des Sängerstars mit Gesang, Gitarre oder Klavier beschränkt, noch dazu meist als reine Darstellung zu Playback-Aufnahmen. Doch gelingt es ihm auch in dieser rein schauspielerischen Funktion, mit kleinen und kleinsten Einlagen die Rolle charakteristisch zu gestalten, ständig in Aktion zu sein. Erich Kunz steht auch hier niemals still und starr in der Szene, selbst wenn damit seine Funktion zu erfüllen gewesen wäre, sondern bringt mit dem Arsenal seiner auch als Komiker so geschätzten Mimik und Gestik als einziger Darsteller Schwung, Natürlichkeit, man könnte sogar sagen menschliche Wärme, in das oft gezierte, steife Geschehen.

Mit Oskar Werner, Jänner 1975

DER NIEDERGANG DES ÖSTERREICHISCHEN FILMS UND DAS FERNSEHZEITALTER

Ende der 50er Jahre befindet sich die österreichische Filmproduktion in einer Krise, von der sie sich nicht mehr erholt. Die Zerrissenheit der Besatzung Wiens hatte die wirtschaftlichen Möglichkeiten behindert. Während die US-Behörden eher daran interessiert gewesen waren, den österreichischen Markt für die eigene Produktion zur Verfügung zu halten, wurden die in den Rosenhügel-Studios in der sowjetischen Zone entstandenen Filme quasi Opfer des Kalten Krieges, von Verleihern ungern gesehen. Durch starke privatkapitalistische Interessen wird die Branche weiter zerteilt. Während es nach 1945 nur vier Produktionsfirmen gegeben hatte, gibt es 1957 schon 20 derartige Unternehmen. Gleichzeitig überschwemmen amerikanische Filme die Kinos, das Genre Musikfilm wird von den Schlagerfilmen abgelöst, die dem internationalen Vorbild der großen Musical-Filme Hollywoods nacheifern, ohne dieselbe Perfektion zu erreichen. Während die Jugend in den Kinos Elvis Presley oder Dean Martin sehen will, sitzen die Eltern vor den Fernsehgeräten, zunächst noch in Cafés und Wirtshäusern, dann mehr und mehr im privaten Rahmen. Das große Kino-Sterben beginnt, und gleichzeitig endet, noch vor dem wirtschaftlichen Scheitern der *Wien-Film,* die Periode der *Wiener Filme.*

ERICH KUNZ UND DAS FERNSEHEN

Mit den Entwicklungen in der heimischen Filmproduktion bzw. dem Vorrang des Fernsehens als Medium optischer Unterhaltung erklärt sich auch die Tatsache, daß Erich Kunz in den 60er Jahren keine weitere Filmkarriere gemacht hat. Andererseits hat das Fernsehen später sein schauspielerisches Talent genutzt und ihn zunächst als Sänger, vor allem als Interpret von Wienerliedern und Operetten, präsentiert. Die Gattung Fernsehfilm hat ihn erst recht spät entdeckt, offenbar im Zusammenhang mit seinem runden Geburtstag 1979.
Im April dieses Jahres wurde der vom ORF produzierte Film *Die*

Leute vom Schloß ausgestrahlt, in dem vor historischem Hintergrund die Geschichte der Familie Gusshausen abläuft: Das jüngst verstorbene Oberhaupt hat mit seinem Besitz auch seine Sorgen zurückgelassen, also beruft man einen Familienrat ein, um die drückenden Probleme zu lösen. Erich Kunz verkörpert in seiner charakteristischen Art und Weise die Rolle des Kammerdieners Wenzel, als Dienstmädchen Burgl ist seine Tochter Nicoline zu sehen, was sofort zur Pointe im Dialog verwendet wurde: „Wie reden Sie denn mit mir, ich könnte ihr Vater sein..." Tochter Nicoline, die seither eine beachtliche Theater- und Filmlaufbahn eingeschlagen hat, erinnert sich heute noch an die lustige Atmosphäre, in der gedreht wurde, und daran, wie konzentriert sie für diesen ihren ersten Film gearbeitet hat.

Im November 1979 wird *Der Lebemann* gesendet, ein vom ORF mit der Schönbrunn-Film unter der Regie von Axel Corti produzierter Streifen des Autors Michael Scharang. Erich Kunz spielt dabei eine Rolle, die auch in seinem Leben möglich gewesen wäre, wenn er die ursprünglich vorgezeichnete Karriere fortgesetzt hätte, nämlich einen Generaldirektor. Die Handlung ist kriminalistisch angehaucht: Der Sohn einer bürgerlichen Wiener Kaufmannsfamilie erfährt, als er aus Eifersucht die Wohnung seiner Freundin abhört, von einem geplanten Bankraub und schmiedet danach einen vergleichbaren Plan für die eigene Bank, wobei die Freundin als Werkzeug eingesetzt werden soll. Als das Vorhaben gelingt, verzichtet diese aber auf das gemeinsame Leben mit dem erbeuteten Vermögen.

Angesichts dieser wenigen Auftritte, die weder dem Bekanntheitsgrad noch der Beliebtheit von Erich Kunz entsprechen, fällt auf, daß er nicht zu jenen gehört, die durch das Fernsehen zu Popularität gekommen sind. Seine Popularität im wörtlichen Sinn, d.h. seine Volkstümlichkeit, kommt vielmehr aus ihm selber, aus seinem spezifischen Talent der Darstellung, das seit seinen ersten Bühnenauftritten beim Publikum auf entsprechende Resonanz gestoßen ist. Das Fernsehen hat in seiner Karriere eher die Rolle des Dokumentierens von Vorhandenem gespielt, hat ihn als Bestandteil der Tradition des österreichischen Musiklebens ins Programm ge-

Erich Kunz als Schikaneder mit Johanna Matz als Anna Gottlieb, auf dem Weg zu Mozarts Totenbett

nommen, wie eine Liste der überlieferten Sendungen - ohne die Auftritte in den *Seitenblicken* und in den von Marcel Prawy gezeigten Produktionsausschnitten - zeigt:

17. 2. 1968
Guten Abend in Österreich - Masken lassen bitten
15. 4. 1969
Ein Lied aus Wien, Folge 4: Lebzelt, Lotto und Lavendel
25. 5. 1969, 8.8.1978
Freude an Musik
22. 6. 1969
Der gute Ton in allen Stimmlagen; 4.Folge: Volkssänger - Erfolgssänger
8. 6. 1974
WIG-Gala 1974 - In 80 Minuten um die Welt
4. 12. 1974
Ein Lied aus Wien, Folge 9: Geh langsam durch die alten Gassen
25. 5. 1975
Kleines Künstlerporträt Erich Kunz
1975/76
Blick zurück in Liebe 1, 2, 4, 9
27. 12. 1977
Das Spiel kann beginnen. Folge 6: Die Betrogenen
14. 1. 1978
Neue alte Hüte aus Wien
1. 7. 1978
Buchbinders Vielharmonie, Folge 4
18. 4. 1979
Die Leute vom Schloß (mit Nicoline Kunz)
13. 8. 1979
Ja, der Jahrgang
25. 11. 1979
Der Lebemann - Fernsehfilm

20. 8. 1982
Operettencocktail: Die lieben Verwandten
21. 8. 1982
Operettencocktail: Wien, Du mein Wien
17. 9. 1982
Operettencocktail: Die Komiker
9. 6. 1984
Es muß was Wunderbares sein...
Anläßlich des 100. Geburtstages von Ralph Benatzky
14. 6. 1986
Weana Gmüat. Kunz, Prager, Lehmann
29. 11. 1986
Musik mein Leben. Ein Abend mit Dagmar Koller
12. 4. 1987
Lieben Sie Klassik? Folge 50: Es blitzen die Sterne,
eine Sendung von Michael Ledenice
21. 5. 1989
Seniorenklub Folge 825: zu Gast Erich Kunz
25. 6. 1989
Salut für Erich Kunz zum 80. Geburtstag
Außerdem hat Erich Kunz Rollen in den TV-Operetten *Graf von
Luxemburg* und *Fledermaus* gespielt, sowie in einer Produktion der
Verkauften Braut.

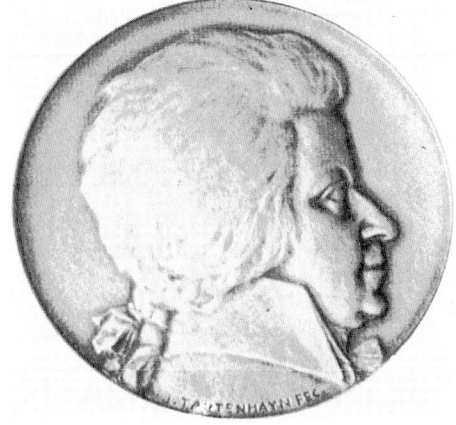

Träger der Mozart-Medaille, 1957

Bei einem Empfang der Königin von England, 1969

EHRUNGEN UND AUSZEICHNUNGEN

Sehr früh gab es die unvermeidlichen, in diesem Fall aber durchaus verdienten Ehrungen. Eine internationale Jury verlieh ihm wegen seiner Treue zu seinem Stammhaus die Fidelio-Medaille, der König von Schweden ehrte ihn, natürlich der österreichische Bundespräsident, er wurde Kammersänger, Ehrenmitglied der Staatsoper, und vielleicht wäre er eines Tages auch Kammerschauspieler geworden, denn der große Regisseur Lindberg wollte ihn unbedingt im Burgtheater in einem Nestroystück besetzen, der Staatsoperndirektor Hilbert war dagegen, er meinte, Kunz würde zu sehr in der Staatsoper gebraucht. Das stimmte auch, aber gerade in der Zeit, in der sein Burgtheatergastspiel stattfinden sollte, wurde er an der Staatsoper kaum eingesetzt.

1948
Ernennung zum Kammersänger
1957
Verleihung der Mozart-Medaille
1959
Verleihung des österreichischen Ehrenkreuzes für Wissenschaft und Kunst 1. Klasse
1959
Überreichung der Medaille des Internationalen Festivals in Osaka
1963
Ritterkreuz 1. Klasse des Danebrog Ordens durch den dänischen König
1963
Ehrenring des Verbandes der Gesangssolisten der Wiener Staatsoper
1965
Überreichung des goldenen Schlüssels der Stadt Interlaken
1969
Ehrenmitglied der Wiener Staatsoper
1969
Ehrenmedaille der Bundeshauptstadt Wien in Gold

1970

Erinnerungsmedaille *50 Jahre Salzburger Festspiele*

1974

Urkunde über die 25-jährige Mitgliedschaft beim Solistenverband der Wiener Staatsoper

1976

Ehrenbürger von Grinzing

1978

Fideliomedaille für die Treue zu einem Staatsopernhaus, verliehen von einer internationalen Jury von Operndirektoren in Stockholm (1. Träger dieser Auszeichnung)

1979

Ehrenmitglied des Solistenverbandes der Wiener Staatsoper

1984

Großes silbernes Ehrenzeichen für Verdienste um die Republik Österreich

1985

Ehrenmitgliedschaft bei den *Freunden der Wiener Staatsoper*

1986

Medaille anläßlich der 45-jährigen Mitgliedschaft beim ÖAMTC

Mit Dr. Bruno Kreisky, 1968

Trude Fleischmann
Wien

KUNZ PRIVAT

Ein wenig haben wir jetzt den Komödianten, den Sänger, den Schauspieler Erich Kunz kennengelernt. Aber da fehlen doch noch einige Komponenten: es gibt ja auch den Menschen Erich Kunz. Ist er der „Bohéme"hafte Künstler oder das disziplinierte, pünktliche und wohlvorbereitete Ensemblemitglied? Ist er der verschwenderisch nach außen Lebende oder ist er der sparsame, sorgsam planende, zurückgezogene Familienmensch? Ist er der berühmte, hypochondrische Sänger mit Schal oder der normal lebende, Rasen mähende Bürger, der statt in die Arbeit in die Oper fährt? Ist er der alles überwachende Vater oder der allzu antiautoritäre Erzieher seiner Kinder? Sollte er das Glück haben, von jeder dieser gegensätzlichen Eigenschaften ein bißchen mitbekommen zu haben?

Erich Kunz, der Opernsänger, ist andererseits aber auch Erich Kunz, der Ehemann, und vor allem der Vater. Geheiratet hat er nach reiflicher Überlegung eine Frau, deren Leben bis dahin ebenfalls von der Musik bestimmt gewesen war - die Solotänzerin der Wiener Volksoper Winfried Kurzbauer. Der Ort des ersten Zusammentreffens war aber beileibe nicht die Oper, sondern - wie es eher in einer Gesellschaftskomödie vorkommen könnte - ein Friseur, sodaß auch davon eine Geschichte zu erzählen ist, die sich mit ihrem Pointenreichtum in den Rahmen der zahllosen Anekdoten von und um Erich Kunz nahtlos einfügt:

> Dieser Friseur, ein echter „Figaro" gewissermaßen, war immer stolz auf seine Stammkunden aus Burg und Oper und versäumte nie, jeden einzelnen darauf hinzuweisen, wer sich gerade noch verschönern ließ. So erfuhr eines Tages Frau Kurzbauer, daß die Solotänzerin der Staatsoper, Violett Tester neben ihr sitze, und weiter, daß diese soeben von Erich Kunz besucht werde. Dieser Erich Kunz, der also ein Rendez-vous im Nachbarabteil hatte, benützte die Gelegenheit, um während seiner Unterhaltung mit dem

In der Fußballmannschaft der Staatsoper 1948

Anlaß seines Kommens interessierte Blicke in ihre Richtung zu werfen, solange, bis von energischer Hand der Vorhang zugezogen wurde. Mit der ihm eigenen Strebsamkeit versuchte Kunz aber wenig später, die beim Friseur faszinierende Erscheinung auch mit trockenen Haaren zu treffen. Die Gelegenheit dazu ergab sich bei einer Aufführung des *Dieners zweier Herren* im Redoutensaal. Winfried Kurzbauer war auf der Bühne zu bewundern, Erich Kunz wartete aber vergebens auf ihr Erscheinen, weil sie auf der Garderobenseite von der Bühne abgetreten war und sofort das Haus verlassen hatte. Glücklicherweise wurde das Stück auch bei den Salzburger Festspielen gegeben, und Erich Kunz - als Figaro gemeinsam mit Maria Cebotari engagiert - hatte dort mit seinem guten Kontakt zur amerikanischen Besatzung für alle Künstler im Vorsaal der Felsenreitschule die mittägliche Verpflegung arrangiert. So gelang es ihm schließlich, die Dame seines Interesses tatsächlich kennenzulernen.

Zwei Jahre später, 1948, wurde geheiratet, und die frischgebackene Ehefrau wechselte quasi den Beruf: sie stammte aus einer musischen Familie, der Maler Eduard Kurzbauer gehörte dazu, die Mutter war vor ihrer Eheschließung eine Pianistin gewesen und spielte sehr viel zu Hause, sodaß sie immer mit Musik erwachte. Seit ihrem fünften Lebensjahr tanzte sie Ballett, eigentlich aus Liebe zur Musik, nicht aus gymnastischem Interesse, und bei Toni Birkmeyer studierte sie jene einmalige Mischung von klassischem Ballett mit einem Einschlag der Schule Wiesenthal. Sie wurde mit vier anderen Birkmeyer-Schülern in die Volksoper übernommen und erreichte dort bald die Stelle der ersten Solotänzerin. Dann kam das Kriegsende, die Volksoper war eines der Ausweichquartiere für die zerstörte Staatsoper, und das Ballett des Hauses - ohnehin dezimiert um viele, die als Fremde nach Wien gekommen waren und nun weiter nach Westen zogen - wurde aufgelöst, viele ergriffen

Prominentenrennen der „Aktion Osterhase", 4.4.1971

Bartolo im *Barbier von Sevilla*, 28.4.1966

bürgerliche Berufe. Frau Kurzbauer wurde von Raoul Aslan zu Vorstellungen des Burgtheaters in den Redoutensaal gerufen, tanzte im Akademietheater - die alten Glanzzeiten waren vorbei, aber der Tanz war weiterhin ihr Leben. Und dann plötzlich die Umkehrung der Verhältnisse. Jung verheiratet, glücklich, sitzt sie zum ersten Mal im Zuschauerraum, statt auf der Bühne zu stehen, und ist davon tief betroffen. Es dauert Jahre, bis sie wieder Ballett-Vorstellungen sehen kann. Andererseits hat sie eine neue, ungewohnte Vollbeschäftigung als perfekte Ehefrau, die ein ideal geordnetes Zuhause und die nötige Ruhe für ihren Mann bereitstellt, als Mutter, die den Kindern Ruhe und Nestwärme vermittelt, obwohl sie sie oft in der Obhut von Kinderschwester und Köchin zurücklassen muß, um ihrem Mann auf Reisen zur Seite zu stehen. Reisen, die einerseits ungeahnte, privilegierte Möglichkeiten in den wirtschaftlich problematischen Nachkriegsjahren eröffnen, die andererseits von beruflichen Aufgaben geprägt sind und nicht nur dem Vergnügen dienen. Die Villa in der Himmelstraße bietet ein prächtiges Ambiente, ein großer Garten, der in Weingärten übergeht, ein unvergesslicher Blick über Wien - dafür müssen alle Wege mit dem Auto erledigt, die Termine der Kinder genau eingeplant, das Personal mit Aufgaben betraut werden. Das Familienleben wird in dieser Zeit besonders intensiv betrieben, wie es den Anlagen des Familienmenschen Erich Kunz entspricht, denn es ist schwer, die Freundschaften zu pflegen, die aus den vielen Auslandskontakten erwachsen. Auch nach der Übersiedlung in bewohntere Gebiete bleibt die Rolle der Frau und Mutter eine Vollbeschäftigung, die Talent zum Organisieren und diplomatisches Geschick erfordert, weil sie bis heute mit ganzem Einsatz und mit Liebe erledigt wird. Nicht umsonst heißt es ja im Volksmund, daß hinter jedem erfolgreichen Mann - und als solcher ist Erich Kunz ohne jeden Zweifel zu bezeichnen - eine starke Frau steht. Auch die eigene Tochter bewundert die Energie, mit der die beruflich so Erfolgreiche als Ehefrau ständig darum bemüht ist, das Leben ihrer Familie, ihres Partners so angenehm, so erfreulich, so positiv wie möglich zu gestalten. Aber à propos Tochter, à propos Kinder: als Vater ist Erich Kunz sozusagen einer der alten Schule, unbedingte Instanz für die Kin-

Erich und Winfried Kunz 1989.

der, kein Vater, der Fußball gespielt oder Kinder gewickelt hätte, aber auch ein Vater, mit dem man lachen konnte und Späße treiben, solange sie den Rahmen des Anstandes nicht verletzten. Und das ist bei einem Vater alter Schule ja garnicht selbstverständlich. Es wurde also ziemlich viel gelacht im Hause Kunz, denn der Vater verstand auch privat immer viel Spaß - allerdings unter Einhaltung gewisser Grundsätze, was zwar heute aus der Mode gekommen ist, aber für Kinder auch als Halt, als Stütze erlebt werden kann. Zu den daraus erwachsenden festen Regeln des Zusammenlebens gehörte die Rücksicht auf die Umgebung, etwa in der Lärmentwicklung, ebenso, wie die Erziehung zu Pünktlichkeit, zu einer fleißigen, ständig zielgerichteten Betätigung, die keine Zeit verplempert, und zu einem Lebensstil, der weit davon entfernt ist, die finanziellen Grenzen auszuloten, sondern mit Sparsamkeit auch die Zukunft abzusichern hilft.

Freilich ist wichtig, daß der Vater selbst das beste lebende Beispiel für alle diese Leitlinien, für Disziplin und Verantwortungsbewußtsein, für Ordnung und unbedingte Korrektheit ist; er wird dadurch zur anerkannten familiären Autorität, die mit selbstverständlichem Respekt, mit Ehrerbietung und Rücksichtnahme behandelt wird, ohne daß die vielen Späße dem Abbruch getan hätten - eine gewisse Dominanz als Kehrseite der umgänglich-lustigen Art sozusagen. Erich Kunz war und ist also eine starke Persönlichkeit, nicht nur auf der Bühne, sondern auch als Vater, der seine Kinder nachhaltig geprägt hat. Bemerkenswert ist, daß der Star der Wiener Oper für seine Kinder ständigt präsent gewesen ist, wohl aufgrund einer starken Persönlichkeit und der steten Zusammenarbeit mit seiner Ehefrau, auch in Belangen der Erziehung.

So erinnert sich die Tochter noch heute daran, wie er sie täglich nach der Schule von der Endstation der Straßenbahnlinie 38 abgeholt und ihr „eine Wurstsemmel mit 5 dkg Wiener Spezial mitgebracht" hat. Andererseits hat sie mit dem Vater den Rasen gemäht, nicht weil es ihr besonders viel Spaß gemacht hätte, sondern weil er gerne auf einen gemähten Rasen im Garten blickte, wenn er jemals aus dem Fenster sah, auch das ein Teil der ihn notwendig umgebenden Ordnung. So ist der Beruf des Vaters keine Besonderheit für die Kinder - höchstens insofern, als Opernproben besucht werden können, wo er als allgemein beliebte Respektsperson erlebt wird - und der Beruf ist auch kein Thema bei Gesprächen zu Hause, die daraus erwachsenden Belastungen bleiben sozusagen vor der Türe. Das geht soweit, daß Musik insgesamt keinen besonderen Stellenwert im Familienleben hat und es geradezu vermieden wird, die Kinder in eine ähnliche Richtung zu drängen oder gar als Wunderkinder zu „verbraten". Dennoch setzt sich die musische Begabung beider Eltern auch in den Kindern fort, nur in gewandelter Form. Die Tochter, zeitlebens vom Ballett begeistert und zeitweise auch intensiv damit beschäftigt, wird zwar keine Solo-Tänzerin, aber eine gefragte Schauspielerin in Theater und Film, die somit die bühnenwirksame Art des Vaters und das Talent der Mutter verbindet. Freilich ist das erst nach einer soliden bürgerlichen Ausbildung möglich, die im Fall eines künstlerischen Ungenügens als Rettungsanker dienen hätte können, das gehört zu den väterlichen Grundsätzen. Der Sohn lernt Klavier spielen und nimmt auch Gesangsunterricht, doch hier ist das Vorbild des hochbegabten Vaters übermächtig und verhindert die Fortsetzung dieser Laufbahn. Dafür ergibt sich eine andere Gemeinsamkeit mit ihm, eine auf technischem Gebiet sozusagen. Denn es gibt auch noch Erich Kunz, den Auto-Liebhaber, der nie „protzige Schlitten" fährt, aber immer „interessante Autos", und sich noch mit weit über 70 Jahren bei einem Gastspiel in Lissabon einen Triumph-Sportwagen anlacht, den er anschließend in Wien sofort erwirbt.

EIN ABSCHLUSS?

Das alles ist also Erich Kunz – oder? Seine Frau, die als starke Persönlichkeit ohne Anflug von Bitterkeit ihre zwei Karrieren Revue passieren läßt, bringt die Qualitäten des Erich Kunz auf folgenden kurzen, prägnanten Nenner: frisch, agil, temperamentvoll, spitzfindig, hat er immer schnell reagiert, sich wohlgefühlt und dadurch unermüdlich in seinem Beruf gearbeitet.

Seine Mutter Sophie, die wir in der Geschichte als tüchtige und kluge Frau kennengelernt haben, sagte bis zuletzt immer: „Der Erich spielt sich!"

Er selbst hat eine Mappe angelegt, die unter dem vielversprechenden Titel *Erinnerungen für mein Buch, Erinnerungen an mein Leben* nur EINE Notiz enthält - „Nikis Brief an Karlheinz Böhm" - Anlaß für eine Anekdote über seine Tochter, die als sechsjährige an den im Schubert-Kostüm des Filmes von Ernst Marischka zu Besuch kommenden Schauspieler einen schwärmerisch-huldigenden Brief verfaßte, der inzwischen verschollen ist.

Kennen wir jetzt Erich Kunz?

Von Marie von Ebner-Eschenbach stammt der bemerkenswerte Satz: „Einen Menschen kennen heißt, ihn lieben oder bedauern", wobei wir uns im Falle Kunz jedenfalls nur für die Liebe entscheiden konnten. Und so überzeugt wir am Ende feststellen: „Das ist Erich Kunz", genauso überzeugend können wir jetzt fragen: „Ist er wirklich so?"

Wenn der Leser, die Leserin noch Zweifel haben, können wir - eventuell als Hilfestellung - einiges aus seinem Leben aufgelistet anfügen. Ob Sie mit Hilfe dieser Listen dann zu einer Antwort kommen? Wir jedenfalls sind bereit, Ihre gefundene und zweifellos richtige Antwort in einer Neuauflage zum 100. Geburtstag von Erich Kunz im Jahr 2009 in diesem Buch zu berücksichtigen. Schließlich weiß ja Pascal schon, daß „die besten Bücher die sind, von denen jeder Leser meint, er habe sie selbst machen können."

Listen:

1) Schüler der Fachhochschule für Musik und darstellende Kunst:

Einträge der Schülermatriken:
Erich KUNZ, deutsch, röm.kath., 8, Albertgasse 54 / 2 / 13

Studienjahr 1933 / 34: Wintersemester: Opernschule Duhan, Harmonielehre Stöhr,
Gesang Lierhammer
Sommersemester: Opernschule Duhan
Studienjahr 1934 / 35: Wintersemester: Opernschule Duhan, Gesang Lierhammer,
allgemeine Musikgeschichte Graf, Klavier Moser, allgemeine
Musiklehre Hartmann
Sommersemester: Opernschule Duhan, Harmonielehre Hartmann

Mitwirkungen laut Jahresberichten:

1933, 20. 11. keine Kritik vorhanden	1. Aufführung der unter der Leitung des Kammersängers Hans Duhan stehenden Meisterschule für dramatische Gestaltung	Opernakte u. -fragmente: Bohème, 4.Akt: Schaunard
1934, 09. 02. Kritik	3. Aufführung ...	Zauberflöte: Papageno
1934, 20. 04. keine Kritik	4. Aufführung ...	Opernakte u. -fragmente: Barbier von Sevilla, 1.Akt: Doktor Bartolo
1934, 04. 05. Kritik	5.Aufführung ...	detto
1934, 20. 11. keine Kritik	1.Aufführung der Meisterschule	Opernakte u. -fragmente: Hochzeit des Figaro: Figaro
1935, 14. 01. keine Kritik	2. Aufführung ...	Opernakte u. -fragmente: Bohème, 1.Akt: Schaunard Martha, 2.Akt: Lord Tristan
1935, 08. 03. Kritik	3. Aufführung ...	Opernakte u. -fragmente: Boris Godunow, 1.Akt, 2.Bild: Warlaam
1935, 28. 05. (31. 05.) Kritik	4. Aufführung ...	Gianni Schicchi: Gianni Schicchi
1935, 21. 06. Kritik	2. Schlußaufführung	Eugen Onegin: Arie des Gremin "Ein jeder kennt die Lieb' auf Erden"

Interessanterweise sind hier - mit Ausnahme von Richard Wagner - alle Erfolgspartien des Erich Kunz schon vertreten: Papageno, Schicchi, Figaro. Bedeutet das ein hohes Ausbildungsniveau in seinem Gesangsunterricht - der Lehrer Hans Duhan erkennt genau, was am besten liegt -, oder handelt es sich um eine ausgeprägte Begabung - es ist ganz klar, was dem Studenten am besten liegt?

153

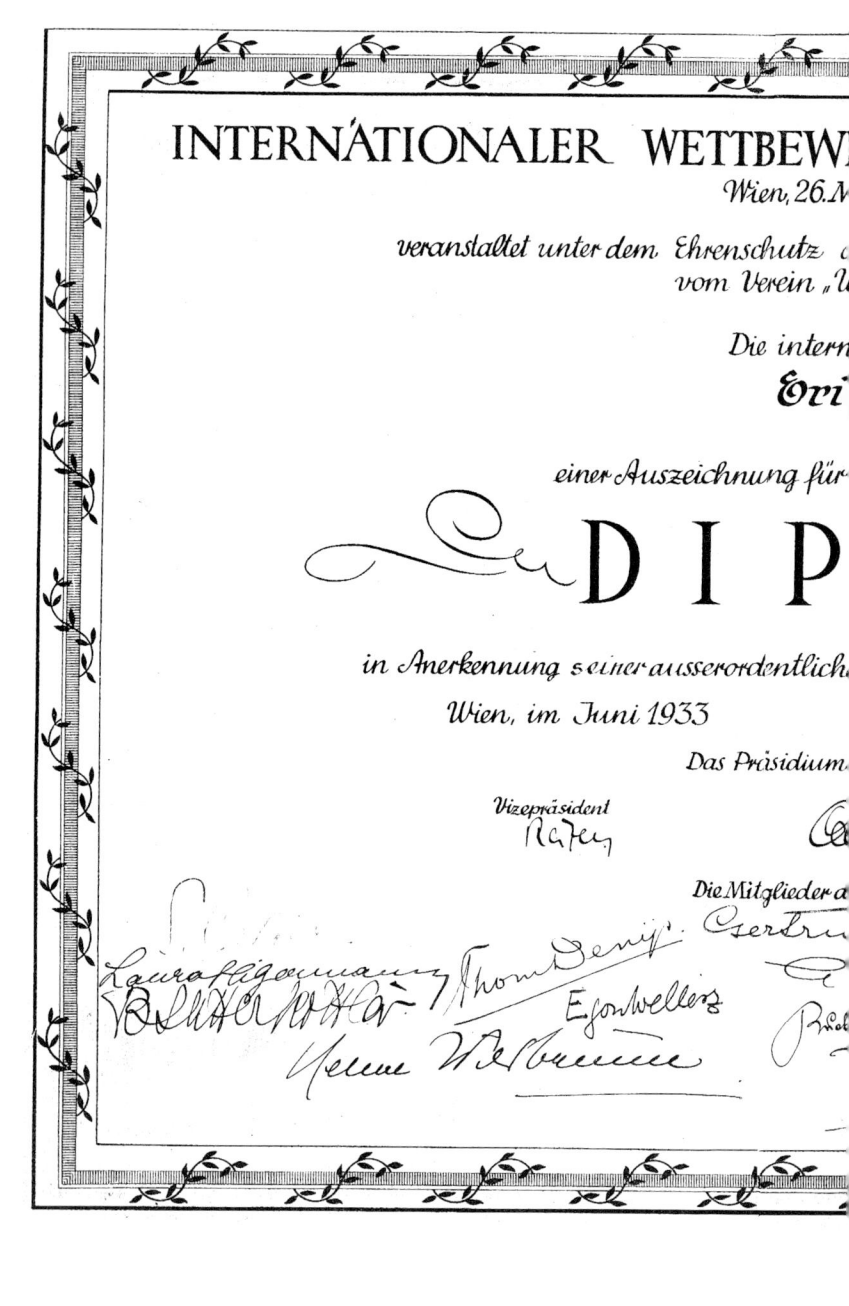

INTERNATIONALER WETTBEW

Wien, 26. M

veranstaltet unter dem Ehrenschutz
vom Verein „U

Die intern

* Evi*

einer Auszeichnung für

DIP

in Anerkennung seiner ausserordentlich

Wien, im Juni 1933

Das Präsidium

Vizepräsident
Rafer

Die Mitglieder a *Csertru*

Laura Hagemann *Thom Denij*

Egon Wellers

Helene Welbremu

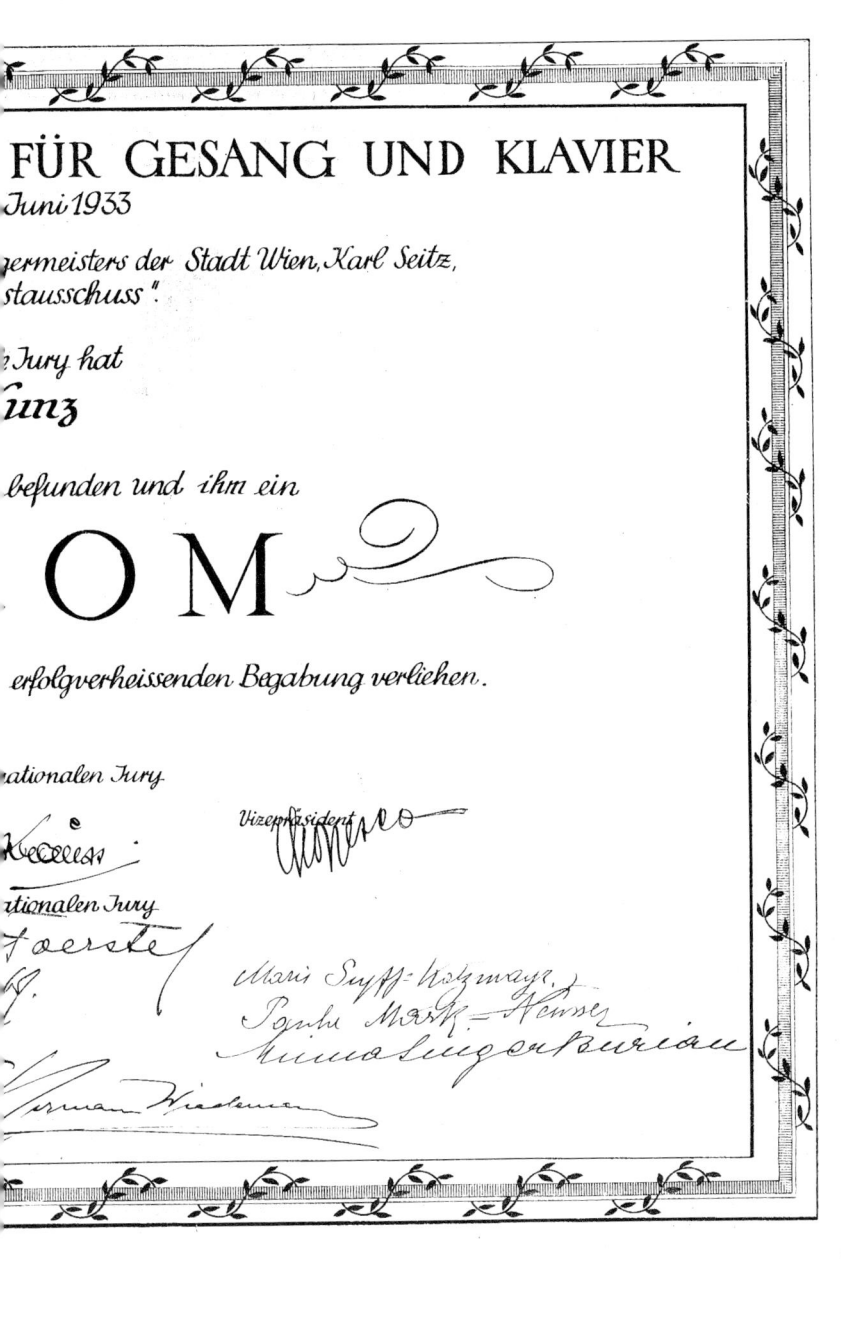

FÜR GESANG UND KLAVIER

Juni 1933

ermeisters der Stadt Wien, Karl Seitz,
stausschuss".

Jury hat

unz

befunden und ihm ein

O M

erfolgverheissenden Begabung verliehen.

ationalen Jury.

Vizepräsident

tionalen Jury

1956, 29. 05. 1980, 07. 01.	COSI FAN TUTTE Guglielmo	62 Auff. v. 137 inkl Premiere 1), bis 26. 06. 64 Redoutens., 2 in Wiesbaden	1) Regie Schuh, (2, 02.04.66 schon mit Berry, 3), 22. 05. 75 mit Weikl)
1956, 28. 09. 1980, 24. 06.	PALESTRINA Kardinal v. Lothringen 7. Meister	29 Auff. v. 49 (23 Kardinal, 6 Meister)	
1956, 19.11. 1980, 02. 02.	CARMEN Dancairo	44 Auff. v. 187, inkl. Neuinszenierung 1a, 2	1a) Regie Gielen, 2) 14.02.66 Regie Schenk
1957, 18. 03. 1980, 09.06.	BARBIER Bartolo	22 Auff. v. 131, inkl. Premiere 2, Redoutens.	1) Regie Waelterlin 2) 28.04.66 STOP, Regie Rennert
1957, 15. 09. 1980, 07. 06.	FALSTAFF Pistol	18 Auff. v. 42 inkl. Premiere 2)	1) Regie Karajan mit Petri, 2) Regie Visconti, 14.03.66, 3) Regie Sanjust 24. 02. 80 mit Mazzola
1959, 01. 10. 1973, 04. 04.	VERKAUFTE BRAUT Zirkusdirektor	67 Auff. v. 90 inkl. Premiere	* Anm. d. Autoren: noch länger
1960, 31. 12. 1980, 23. 06.	FLEDERMAUS Frank	73 Auff. inkl Premiere 1, 2, von 83	1) Regie Lindtberg 2) Regie Schenk, 31.12.1979
1962, 18. 10. 1964, 21. 12.	SOMMERNACHTS-TRAUM Zettel	alle 15 Auff. inkl. Premiere	(Britten, EA?)
1963, 14. 03. 1963, 15. 09.	KLUGE 3. Strolch	alle 6 Auff. inkl. Premiere TH.a.d. Wien, gem. m. "Geschichte vom Soldaten"	
1975, 06. 12. 1976, 29. 06.	ZIGEUNERBARON Carnero	alle 10 Auff. inkl. Premiere	
1976, 17. 12. 1977, 26. 06.	KABALE UND LIEBE Kammerdiener	alle 7 Auff. inkl Premiere	(von Einem)
1979, 11. 02. 1980, 28. 06.	GIANNI SCHICCHI Spinelloccio	12 Auff. v. 16 des ganzen Triticho samt Premiere	

2) An der Wiener Staatsoper

nach: Die Wiener Staatsoper 1945 - 1980. Eine Dokumentation von Hans Christian. Künstler-Generalregister zusammengestellt von Harald Hoyer.
Die Dokumentation umfaßt den Zeitraum 1.5.1945 - 2.10.1955, die Vorstellungen der Volksoper aber nur bis Ende Saison 1954/55, da ab 1.9.55 eine eigene Direktion die Volksoper verwaltete.

a) CHRONOLOGISCH

1945, 01. 05. 1955, 08. 06.	FIGARO Figaro	148 Auff. v. 221, inkl Premiere 2)	2) 14.4.55, Regie Schuh, Redoutensaal Neuinszenierung
1945, 15. 05. 1955, 10. 06.	BOHEME Schaunard	4 Auff. v. 190 VOP u. Th.a.d.Wien	
1945, 02. 06. 1955, 10. 05.	WAFFENSCHMIED Ritter Adelhof	9 Auff. v. 47, nicht Premiere; VOP	1) Regie Pruscha, Neuinszenierung 27.4.54
1945, 05. 06. 1955, 14. 07.	WIENER BLUT Josef	118 Auff. v. 211 inkl Premiere 2), 62 Redoutens (bis 07. 05.48), 151 VOP (ab 10.11.46)	1) Regie Schuh, 2) Neuinszenierung VOP, Regie Jaray
1945, 14. 06. 1955, 11. 09.	BARBIER Bartolo	9 Auff. v. 110; 57 VOP, 48 TH.a.d.W., Redoutens., Baden, Wr. Neustadt	
1945, 10. 07. 1955, 01. 03.	VERKAUFTE BRAUT Micha	4 Auff. v. 124 VOP	
1945, 09. 08. 1954, 21. 09.	COSI FAN TUTTE Guglielmo	alle 45 Auff. Redoutens., TH.a.d. Wien, Nizza, Paris etc.	
1945, 27. 09. 1955, 23. 06.	MARTHA Lord Tristan	18 Auff. v. 66 inkl. Premiere 1, 2, VOP u. TH. a.d.Wien	1) Regie Wymetal VOP, 2) Neuinszen. Regie Schuh Th.a.W.
1945, 24. 10. 1955, 27. 09.	HOFFMANN Spalanzani	77 Auff. v. 182 TH.a.d. Wien	
1945, 24. 11. 1955, 28. 09.	DON PASQUALE Malatesta	alle 26 Auff. inkl Premiere 1), 2) TH.a.d.Wien u. einmal Rex-Theater	1) Regie Jerger Wiederaufn., 2) Regie Jergier, NE 31.12.54
1946, 14. 02. 1955, 26. 09.	CARMEN Dancairo	14 Auff. v. 175; 80 VOP bis 13.07.48, 95 TH.a.d.W ab 21.10.48	1) Regie Hanka, 2) NE TH.a.d.W, Regie Schuh
1946, 29. 05. 1955, 09. 05.	TRISTAN Melot	3 Auff. v. 39 TH.a.d Wien	

1946, 09. 06. 1955, 27. 06.	SALOME Jude 5	5 Auff. v. 86 TH.a.d.Wien u. Gastspiele	
1946, 13. 10. 1954, 25. 09.	DON GIOVANNI Leporello	111 Auff. v. 155 TH.a.d.Wien u. Gastspiele	
1947, 13. 05. 1954, 13. 06.	ARIADNE Harlekin	14 Auff. v. 20 TH.a.d.Wien, inkl 1)	1) Regie Wallerstein, Neuinszenierung 2) NE Regie Witt, 26. 10. 51 (mit Poell)
1947, 27.11. 1949, 22. 04.	INSEL TULIPATAN Hermosa	23 Auff. v. 26 Redoutens., VOP, zus. mit "Die kleine Zauberflöte", "Verlobung im Laternenschein"	(Offenbach)
1948, 13. 01. 1955, 02. 10.	ZAUBERFLÖTE Papageno	81 Auff. v. 201 TH.a.d.Wien u. Gastspiele	
1948, 20. 04. 1949, 14. 11.	SCHALKHAFTE WITWE Arlecchino	4 Auff. v. 8, VOP	
1948, 24. 06. 1955, 06. 06.	FRA DIAVOLO Giacomo	18 Auff. v. 32 inkl. Premiere 1), 20 TH.a.d.W., 12. VOP (ab 03. 03. 55)	1) Regie Schuh, Neuinszenierung, 2) Regie Haberland, NE
1948, 28. 11. 1954, 25. 10.	IWAN TARASSENKO Kolja	12 Auff. v. 18 TH.a.d.Wien	
1948, 14. 12. 1955. 06. 07.	NACHT IN VENEDIG Caramello	68 Auff. v. 145 VOP	
1949, 01. 02. 1950, 07. 11.	GIANNI SCHICCHI Gianni Schicchi	8 Auff. v. 16 VOP gem. m. Barbier v. Bagdad	
1949, 27. 02. 1955, 09. 04.	PALESTRINA Kardinal v. Lothringen 7. Meister	4 Auff. v. 17 TH.a.d. Wien (1 Kardinal, 3 Meister)	
1949, 30. 11. 1955, 19. 5.	MEISTERSINGER Beckmesser	29 Auff. v. 65, TH.a.d.W.	
1950, 09. 03. 1951, 11. 05.	BANDITEN Pietro	12 Auff. v. 21 VOP	
1950, 21. 12. 1951, 06. 11.	GASPARONE Sindulfo	18 Auff. v. 33 VOP	
1951, 18. 01. 1955, 21. 04.	FALSTAFF Pistol	10 Auff. v. 17 TH.a.d. Wien	
1951, 8. 05. 1952, 19. 11.	WILDSCHÜTZ Baculus	11 Auff. v. 21 VOP	

158

1954, 08. 01. 1954, 14. 05.	GIROFLE-GIROFLE Mourzouk	4 Auff. v. 17 VOP	(Lecocq)
1955, 18. 05. 1955, 08. 07.	SCHÖNE HELENA Menelaus	11 Auff. v. 21 VOP	
1955, 06. 11. 1980, 06. 04.	DON GIOVANNI Leporello	107 Auff. inkl. Premiere 1), 3a)	1) Regie Schuh 3a) Regie Schenk, 15. 06.67 (22.06.63 Berry, 18. 06. 67 Ganzarolli, 12.10.72 Flagello)
1955, 14. 11. 1980, 16.3.	MEISTERSINGER Beckmesser	11 Auff. v. 107 inkl. Premiere 1),	1a) NE 27.5.61 schon Dönch
1955, 16.11. 1980, 16.04.	ROSENKAVALIER Faninal	86 Auff. v. 305 inkl. Premiere 2)	2) 13.4.68 Regie Schenk, nicht 1) 1955
1955, 03. 12. 1980, 20. 04.	ZAUBERFLÖTE Papageno	168 Auff. v. 378 inkl. Premiere 2),3) TH.a.d Wien u. Gastspiele	1) Regie Witt, Übern. Th.a.d Wien mit Berry, 2) Regie Rennert, 21. 01. 58, 3) Wiedereröffn. Th. a. d. W., 30. 5. 62, Übern. STOP 23.09.65, (4 Regie Herz, 30.11.74 mit Holecek)
1955, 06. 12. 1980, 24. 06.	BOHÈME Benoit	23 Auff. v. 267	* Anm. d. Autoren: ev. auch länger
1955, 30. 12. 1980, 08. 05.	SALOME Jude 5	14 Auff. v. 147	
1956, 07. 01. 1977, 22. 11.	HOFFMANN Spalanzani	63 Auff. v. 119 inkl. Premiere 1, 2a, 3a	1) Regie Witt, Übern. Th.a.d.Wien, 2a Regie Rott, 26.10.57, 2b 27.10.57 mit Szemere, 3a Regie Schenk, 16.10.66, 3b 22.10. 66 mit Dönch (noch Berry, Frese, Usunow)
1956, 23. 01. 1980, 13. 06.	TOSCA Mesner	75 Auff. v. 291	* Anm. d. Autoren: und noch länger
1956, 22. 04. 1980, 30.05.	ARIADNE Harlekin	64 Auff. v. 177, inkl Premiere 1), viele Gastspiele	1) Regie Gielen = Salzburger Festspiele, (2, NE 20.11.67 schon mitHolecek)
1956, 23. 04. 1980, 02. 06.	FIGARO Figaro	190 Auff. v. 463, inkl. Premieren 1, 2, Redoutens., Graz, Wr.Neustadt, Wiesbaden, Moskau, Montreal, Washington	1) Regie Witt 2) 25. 1. 1958 Regie Rennert = Salzburger Festspiele 1957 (3, 29.4.67 schon mit Berry)

Figaros Hochzeit, mit Christa Ludwig und Irmgard Seefried, 1955

b) Nach Stücken

ARIADNE Harlekin	1947, 13. 05. 1954, 13. 06.	14 Auff. v. 20 TH.a.d.Wien, inkl 1)	1) Regie Wallerstein, Neuinszenierung 2) NE Regie Witt, 26. 10. 51 (mit Poell)
ARIADNE Harlekin	1956, 22. 04. 1980, 30.05.	64 Auff. v. 177, inkl Premiere 1), viele Gastspiele	1) Regie Gielen = Salzburger Festspiele, (2, NE 20.11.67 schon mitHolecek)
BANDITEN Pietro	1950, 09. 03. 1951, 11. 05.	12 Auff. v. 21 VOP	
BARBIER Bartolo	1945, 14. 06. 1955, 11. 09.	9 Auff. v. 110; 57 VOP, 48 TH.a.d.W., Redoutens., Baden, Wr. Neustadt	
BARBIER Bartolo	1957, 18. 03. 1980, 09.06.	22 Auff. v. 131, inkl. Premiere 2, Redoutens.	1) Regie Waelterlin 2) 28.04.66 STOP, Regie Rennert
BOHEME Schaunard	1945, 15. 05. 1955, 10. 06.	4 Auff. v. 190 VOP u. Th.a.d.Wien	
BOHÈME Benoit	1955, 06. 12. 1980, 24. 06.	23 Auff. v. 267	
CARMEN Dancairo	1946, 14. 02. 1955, 26. 09.	14 Auff. v. 175; 80 VOP bis 13.07.48, 95 TH.a.d.W ab 21.10.48	1) Regie Hanka, 2) NE TH.a.d.W, Regie Schuh
CARMEN Dancairo	1956, 19.11. 1980, 02. 02.	44 Auff. v. 187, inkl. Neuinszenierung 1a, 2	1a) Regie Gielen, 2) 14.02.66 Regie Schenk
COSI FAN TUTTE Guglielmo	1945, 09. 08. 1954, 21. 09.	alle 45 Auff. Redoutens., TH.a.d. Wien, Nizza, Paris etc.	
COSI FAN TUTTE Guglielmo	1956, 29. 05. 1980, 07. 01.	62 Auff. v. 137 inkl Premiere 1), bis 26. 06. 64 Redoutens., 2 in Wiesbaden	1) Regie Schuh, (2, 02.04.66 schon mit Berry, 3), 22. 05. 75 mit Weikl)
DON GIOVANNI Leporello	1946, 13. 10. 1954, 25. 09.	111 Auff. v. 155 TH.a.d.Wien u. Gastspiele	
DON GIOVANNI Leporello	1955, 06. 11. 1980, 06. 04.	107 Auff. inkl. Premiere 1), 3a)	1) Regie Schuh 3a) Regie Schenk, 15. 06.67 (22.06.63 Berry, 18. 06. 67 Ganzarolli, 12.10.72 Flagello)
DON PASQUALE Malatesta	1945, 24. 11. 1955, 28. 09.	alle 26 Auff. inkl Premiere 1), 2) TH.a.d.Wien u. einmal Rex-Theater	1) Regie Jerger Wiederaufn., 2) Regie Jergier, NE 31.12.54

FALSTAFF Pistol	1951, 18. 01. 1955, 21. 04.	10 Auff. v. 17 TH.a.d. Wien	
FALSTAFF Pistol	1957, 15. 09. 1980, 07. 06.	18 Auff. v. 42 inkl. Premiere 2)	1) Regie Karajan mit Petri, 2) Regie Visconti, 14.03.66, 3) Regie Sanjust 24. 02. 80 mit Mazzola
FIGARO Figaro	1945, 01. 05. 1955, 08. 06.	148 Auff. v. 221, inkl Premiere 2)	2) 14.4.55, Regie Schuh, Redoutens. Neuinszenierung
FIGARO Figaro	1956, 23. 04. 1980, 02. 06.	190 Auff. v. 463, inkl. Premieren 1, 2, Redoutens., Graz, Wr.Neustadt, Wiesbaden, Moskau, Montreal, Washington	1) Regie Witt 2) 25. 1. 1958 Regie Rennert = Salzburger Festspiele 1957 (3, 29.4.67 schon mit Berry)
FLEDERMAUS Frank	1960, 31. 12. 1980, 23. 06.	73 Auff. inkl Premiere 1, 2, von 83	1) Regie Lindtberg 2) Regie Schenk, 31.12.1979
FRA DIAVOLO Giacomo	1948, 24. 06. 1955, 06. 06.	18 Auff. v. 32 inkl. Premiere 1), 20 TH.a.d.W., 12. VOP (ab 03. 03. 55)	1) Regie Schuh, Neuinszenierung, 2) Regie Haberland, NE
GASPARONE Sindulfo	1950, 21. 12. 1951, 06. 11.	18 Auff. v. 33 VOP	
GIANNI SCHICCHI Gianni Schicchi	1949, 01. 02. 1950, 07. 11.	8 Auff. v. 16 VOP gem. m. Barbier v. Bagdad	
GIANNI SCHICCHI Spinelloccio	1979, 11. 02. 1980, 28. 06.	12 Auff. v. 16 des ganzen Triticho samt Premiere	
GIROFLE-GIROFLE Mourzouk	1954, 08. 01. 1954, 14. 05.	4 Auff. v. 17 VOP	(Lecocq)
HOFFMANN Spalanzani	1945, 24. 10. 1955, 27. 09.	77 Auff. v. 182 TH.a.d. Wien	
HOFFMANN Spalanzani	1956, 07. 01. 1977, 22. 11.	63 Auff. v. 119 inkl. Premiere 1, 2a, 3a	1) Regie Witt, Übern. Th.a.d.Wien, 2a Regie Rott, 26.10.57, 2b 27.10.57 mit Szemere, 3a Regie Schenk, 16.10.66, 3b 22.10. 66 mit Dönch (noch Berry, Frese, Usunow)

INSEL TULIPATAN Hermosa	1947, 27.11. 1949, 22. 04.	23 Auff. v. 26 Redoutens., VOP, zus. mit "Die kleine Zauberflöte", "Verlobung im Laternenschein"	(Offenbach)
IWAN TARASSENKO Kolja	1948, 28. 11. 1954, 25. 10.	12 Auff. v. 18 TH.a.d.Wien	
KABALE UND LIEBE Kammerdiener	1976, 17. 12. 1977, 26. 06.	alle 7 Auff. inkl Premiere	(von Einem)
KLUGE 3. Strolch	1963, 14. 03. 1963, 15. 09.	alle 6 Auff. inkl. Premiere TH.a.d. Wien, gem. m. "Geschichte vom Soldaten"	
MARTHA Lord Tristan	1945, 27. 09. 1955, 23. 06.	18 Auff. v. 66 inkl. Premiere 1, 2, VOP u. TH. a.d.Wien	1) Regie Wymetal VOP, 2) Neuinszen. Regie Schuh Th.a.W.
MEISTERSINGER Beckmesser	1949, 30. 11. 1955, 19. 5.	29 Auff. v. 65, TH.a.d.W.	
MEISTERSINGER Beckmesser	1955, 14. 11. 1980, 16.3.	11 Auff. v. 107 inkl. Premiere 1),	1a) NE 27.5.61 schon Dönch
NACHT IN VENEDIG Caramello	1948, 14. 12. 1955. 06. 07.	68 Auff. v. 145 VOP	
PALESTRINA Kardinal v. Lothringen 7. Meister	1949, 27. 02. 1955, 09. 04.	4 Auff. v. 17 TH.a.d. Wien (1 Kardinal, 3 Meister)	
PALESTRINA Kardinal v. Lothringen 7. Meister	1956, 28. 09. 1980, 24. 06.	29 Auff. v. 49 (23 Kardinal, 6 Meister)	
ROSENKAVALIER Faninal	1955, 16.11. 1980, 16.04.	86 Auff. v. 305 inkl. Premiere 2)	2) 13.4.68 Regie Schenk, nicht 1) 1955
SALOME Jude 5	1946, 09. 06. 1955, 27. 06.	5 Auff. v. 86 TH.a.d.Wien u. Gastspiele	
SALOME Jude 5	1955, 30. 12. 1980, 08. 05.	14 Auff. v. 147	
SCHALKHAFTE WITWE Arlecchino	1948, 20. 04. 1949, 14. 11.	4 Auff. v. 8, VOP	
SCHÖNE HELENA Menelaus	1955, 18. 05. 1955, 08. 07.	11 Auff. v. 21 VOP	
SOMMERNACHTS-TRAUM Zettel	1962, 18. 10. 1964, 21. 12.	alle 15 Auff. inkl. Premiere	(Britten, EA?)

Als Leporello in *Don Giovanni*, Salzburg 1950

TOSCA Mesner	1956, 23. 01. 1980, 13. 06.	75 Auff. v. 291	
TRISTAN Melot	1946, 29. 05. 1955, 09. 05.	3 Auff. v. 39 TH.a.d Wien	
VERKAUFTE BRAUT Micha	1945, 10. 07. 1955, 01. 03.	4 Auff. v. 124 VOP	
VERKAUFTE BRAUT Zirkusdirektor	1959, 01. 10. 1973, 04. 04.	67 Auff. v. 90 inkl. Premiere	
WAFFENSCHMIED Ritter Adelhof	1945, 02. 06. 1955, 10. 05.	9 Auff. v. 47, nicht Premiere; VOP	1) Regie Pruscha, Neuinszenierung 27.4.54
WIENER BLUT Josef	1945, 05. 06. 1955, 14. 07.	118 Auff. v. 211 inkl Premiere 2), 62 Redoutens (bis 07. 05.48), 151 VOP (ab 10.11.46)	1) Regie Schuh, 2) Neuinszenierung VOP, Regie Jaray
WILDSCHÜTZ Baculus	1951, 8. 05. 1952, 13. 11.	11 Auff. v. 21 VOP	
ZAUBERFLÖTE Papageno	1948, 13. 01. 1955, 02. 10.	81 Auff. v. 201 TH.a.d.Wien u. Gastspiele	
ZAUBERFLÖTE Papageno	1955, 03. 12. 1980, 20. 04.	168 Auff. v. 378 inkl. Premiere 2),3) TH.a.d Wien u. Gastspiele	1) Regie Witt, Übern. Th.a.d Wien mit Berry, 2) Regie Rennert, 21. 01. 58, 3) Wiedereröffn. Th. a. d. W., 30. 5. 62, Übern. STOP 23.09.65, (4 Regie Herz, 30.11.74 mit Holecek)
ZIGEUNERBARON Carnero	1975, 06. 12. 1976, 29. 06.	alle 10 Auff. inkl. Premiere	

Dazu kommen an Rollen in der Volksoper nach 1955:
Gianni Schicchi - Gianni
Hoffmanns Erzählungen - Spalanzani
Lustige Witwe - Negus
Walzertraum - Montschi
Zigeunerbaron - Zsupán
sowie immer noch:
Nacht in Venedig - Caramello
Wiener Blut - Josef

Kunz auf Schallplatten

Quelle: Hermes Handlexikon Opern auf Schallplatten. Ein Katalog der Gesamtaufnahmen, ausgew. u. kritisch kommentiert v. K.LÖBL u. R.WERBA, 2 Bde, Düsseldorf 1983. Nur Gesamtaufnahmen von Opern!
Friedrich Herzfeld: Schallplattenführer für Opernfreunde, Berlin 1962
Besitz Familie Kunz

Altwiener Duette mit Patzak	Grinzinger Schrammeln, Totzauer AVRS EP 16545 Amadeo	?
Altwiener Lieder mit Patzak	Orch. Totzauer, Grinzinger Schrammeln 30 CT - 59 Polygram	1960
Ariadne Harlekin	Böhm (Wr.Festwochen) DG 003 208	1965
Ariadne auf Naxos Harlekin	DG (Gala-Abend 80.Geb. Strauss live)	1944 II/ 116
Barbier v. Sevilla Bartolo	Böhm TD 502/3	1965
Cosí fan tutte : Guglielmo	Decca	1955 I/ 224
Cosi fan tutte Guglielmo	Böhm 6.35102 EK Decca	1968
Deutsche Universitäts- und Volkslieder	Paulik 08 6010 72 Vanguard Classics	(1991)
Dreimäderlhaus	Frank Fox E 60 588 WDLP 625	?
Drunt in der Lobau	Paulik 35 525 Ariola	?
Du bist ein kleines dummes Tschapperl	Spilar Schrammeln 6023 013 Philips	?
Fiakerlied	Wiener Schrammeln 35 525 Ariola	?
Figaros Hochzeit: Figaro	Karajan 2 C 163-01751/3	1950
Figaros Hochzeit: Figaro	Karajan 1 C 147 01 751/53 EMI	1952
Figaros Hochzeit: Figaro	Furtwängler (Salzburg) IGI-343	1953
Figaros Hochzeit: Figaro	Böhm (Salzburg) C 296 923 D ORFEO	1957 (1992)
Figaros Hochzeit: Figaro	Karajan 33 CX 1007-09 Col	?
Fledermaus: Falke	Karajan EMI 149-00427/28 M bzw. EMI CHS 7 69531 2	1955

Fledermaus: Falke	Decca 6.35 107 EK (Einlagen 2.Akt)	1960 II/ 112
Fledermaus: Frank	Danon RCA 26.35 058 DP (ohne Prosa)	1964
Fledermaus: Frank	Decca 6.35 255 DX (Soundtrack FS-Film Regie Schenk)	1974 II/ 114
Fledermaus: Frosch	Karajan 33 CX 1309/10 Col	1959
Giovanni:Leporello	Furtwängler (Salzburg) 91109/4 Olympic	1950 (1975)
Giovanni: Leporello	Ludwig MEL 015	1951
Giovanni: Leporello	Gielen (Lissabon) SRO-813-2 Legato Classics	1960 (live)
Giovanni: Leporello	Krips MEL 464	1964 (1985)
Herr Doktor, erinnern sie sich noch ans 12er Jahr	Spilar Schrammeln 6023 013 Philips	?
Im Prater blühn wieder	Paulik 256 901 ariola	1973 (1992)
In Grinzing	Faltl Quintett DX 1924 Decca	?
In Heidelberg zur Rosenzeit	Mattes u. Orch. D 18 514 Decca	?
In jedem Gläschen ist ein ganz bestimmter Schluck	Stolz 10 532 Ariola	?
Land des Lächelns Gustl	Ackermann CHS 7 69523 2 EMI	1953
Land des Lächelns Gustl	Ackermann 1 C 149-03 047/48 EMI	1953
Land des Lächelns Gustl	Ackermann 33 CX 1114/15	?
Lustige Witwe Danilo	Ackermann CDH 7 69520 2 EMI	1953
Lustige Witwe Danilo	Ackermann 33 CX 1051/52 Col.	?
Lustige Witwe Danilo	Ackermann 1 C 149-03 116/17 EMI	1953
Lustige Witwe Heia Mädel, aufgeschaut	mit E.Schwarzkopf Ackermann SCD 2083 EMI	?
Meistersinger Beckmesser	Abendroth (Bayreuth) Mono 90174 4CD Preiser	1943

Meistersinger Beckmesser	Pitz (Bayreuth) 4 CDKAR 224 Hunt	1951
Meistersinger Beckmesser	Karajan 33 CX 1021-25 Col	?
Meistersinger Beckmesser	Karajan (Bayreuth) IE-6030 Seraphim	1951
Nacht in Venedig Caramello	Ackermann CDH 7 69530 2 EMI	1955
Nacht in Venedig Caramello	Ackermann 1 C 149-03 171/72 EMI	1954
Noch einmal wie vor Jahren	Mattes u. Orch D 18 514 Decca	?
Salome 5.Jude	Karajan 1 C 165-02 9088/09 EMI	1977
Schönste Wienerlieder	Alfons Bauer 30CT-61 Polygram	1972
Schönste Wienerlieder	 513 695-2 Polygram	1982
Stille Nacht	Mozart Sängerknaben, E.Schwarzbauer 08 9058 71 Vanguard	1965 (1992)
Waffenschmied Auch ich war ein Jüngling	Ackermann SEL 1608 Col	?
Wiener Blut Josef	Ackermann 33 CXS 1186/87 Col	?
Wiener Blut Kagler	Stolz 72 751 XE Eurodisc	1965
Wiener Blut Kagler	Stolz 72 745 IE Eurodisc (Querschnitt)	1965
Wiener Blut Kagler	Stolz 72747 E Eurodisc	?
Wiener Lieder	? 30CT-69 Polygram	1974
Wiener Lieder	 Stereo 90012 Preiser	1989
Wiener Lieder	Spilar Schrammeln 431 891 PE Philips	?
Wiener Lieder	Spilar Schrammeln 431 890 PE Philips	?
Wiener Lieder	Mattes u. Orch. UX 4797 Telefunken	?
Wienerlieder	Spilar Schrammeln 30CT -74 Polygram	1965
Wienerlieder	Faltl-Kemeter Schrammeln C 48016 Col	?

Wienerlieder	Paulik 36268 C Ariola	?
Wienerlieder	Paulik 36 274 C Ariola	?
Wienerlieder	Faltl-Kemeter Schrammeln C 48 014 EMI	?
Zar u. Zimmermann O Sancta Justitia	Ackermann SEL 1608 Col	?
Zauberflöte Papageno	Karajan CHS 7 69631 2	1952
Zauberflöte Papageno	Schüchter, Hollreiser, Stein S 73 739 KR Ariola	?
Zauberflöte Papageno	Karajan 33 CX 1013-15 Col	?
Zauberflöte Papageno	Karajan 1 C 147-01 663/65 EMI	1950
Zauberflöte Papageno	Karajan 33 CX 1572 Col	?
Zauberflöte Papageno	Furtwängler (Salzburg) CETRA LO 9 3	1951
Zauberflöte Papageno	Movimento Musica (live)	1962 I/256
Zigeunerbaron Zsupán	Ackermann CHS 7 695296 2 EMI	1958
Zigeunerbaron Zsupán	Ackermann 1 C 149-03 051/52 EMI	1954
Zigeunerbaron Zsupán	Ackermann 33 CX 1329/30 Col	?
Zwischen Häuserln am Roa	Stolz 10532 Ariola	?

Figaro in der Inszenierung von Oskar Fritz Schuh, 14.4.1955

Mitwirkungen in Salzburg

Quelle: Josef KAUT: Festspiele in Salzburg. Eine Dokumentation, München 1970

Giovanni: Masetto	1941, 8.8. - 22.8. viermal	S.112
Figaro.	1942, 5.8. - 30.8. sechsmal	S.114
Figaro	1946, 10.8. - 29.8. fünfmal	S.123
Figaro	1947, 28.7.- 25.8. viermal	S. 126
Cosí: Guglielmo	1947, 1.8. - 26.8. viermal	S.126
Giovanni: Leporello	1950, 27.7. - 29.8. fünfmal	S.137
Zauberflöte: Papageno	1950, 29.9. - 21.8. viermal	S.137
Zauberflöte: Papageno	1951, 1.8. - 29.8. fünfmal	S.142
Figaro	1952, 26.7. - 29.8. fünfmal	S. 146
Zauberflöte: Papageno	1952, 31.7. - 26.8. viermal	S. 147
Cosí: Guglielmo	1953, 31.7. - 23.8. fünfmal	S.151
Figaro	1953, 7.8. - 29.8. viermal	S.151
Cosí: Guglielmo	1954, 29.7. - 22.8. fünfmal	S.156
Zauberflöte: Papageno	1955, 25.7. - 26.8. fünfmal	S.161
Ariadne: Harlekin	1955, 6.8. - 29.8., fünfmal	S,163
Figaro	1956, 21.7. -30.8., sechsmal	S.167
Cosí: Guglielmo	1956, 8.8. - 28.8. fünfmal	S. 168
Figaro	1957, 30.7. - 24.8. fünfmal	S.174
Cosí: Guglielmo	1957, 2.8. - 25.8. viermal	S. 174
Figaro	1958, 4.8. - 30.8., fünfmal	S.181
Rosenkavalier: Faninal	1960, 26.7. - 28.8. fünfmal (einmal Poell)	S.194
Figaro	1960, 8.8. - 26.8. dreimal	S.195

LITERATURHINWEISE

Musikleben in Wien:

Max GRAF: Legende einer Musikstadt, Wien 1949 (dt. Übers.)
Friedrich C. HELLER: Die Auseinandersetzung mit der Tradition,
in: Musikgeschichte Österreichs, hrsg. v. Rudolf FLOTZINGER u.
Gernot GRUBER, Graz - Wien - Köln 1979, S. 385 - 432
Musik in Österreich. Eine Chronik in Daten, Dokumenten, Essays
und Bildern, hrsg. v. Gottfried KRAUS, Wien 1989
Musik und Musikpolitik im faschistischen Deutschland, hrsg. v.
Hanns-Werner HEISTER und Hans-Günter KLEIN, Frankfurt / M.
1984
Victor REIMANN: Dirigenten, Stars und Bürokraten. Glanz und
Abstieg des Wiener Opernensembles, Wien-Stuttgart-Basel 1961
Hermann ULLRICH: Fortschritt und Tradition. 10 Jahre Musik in
Wien 1945 - 1955, Wien 1956

Oper im Nationalsozialismus:

Musik in Österreich. Eine Chronik in Daten, Dokumenten, Essays
und Bildern, hrsg. v. Gottfried KRAUS, Wien 1989
Musik und Musikpolitik im faschistischen Deutschland, hrsg. v.
Hanns-Werner HEISTER und Hans-Günter KLEIN, Frankfurt / M.
1984

Das Mozartensemble:

Rudolf FLOTZINGER/Gernot GRUBER: Musikgeschichte Österreichs, Bd. II, Graz - Wien - Köln 1979, S. 533 - 553: Kurt BLAU-
KOPF: Musikland Österreich
Gernot GRUBER: Mozart und die Nachwelt, Wien - Salzburg
1985, Kap. IV, S. 221 - 293
Das Phänomen Mozart im 20. Jahrhundert. Wirkung, Verarbeitung
und Vermarktung in Literatur, Bildender Kunst und in den Medien,

hrsg.v. P. CSOBÁDI, G.GRUBER u.a., = Wort und Musik, Salzburger Akademische Beiträge Nr. 10, Salzburg 1991:
Hubert HACKENBERG - Walter HERMANN: Die Wiener Staatsoper im Exil 1945 - 1955, Wien 1985
Gert KERSCHBAUMER: Mozart - 'arisch'. Die politische Verwertung im Dritten Reich und die 'Austrifizierung' nach der Befreiung (Salzburg 1938 - 1945 - 1956), S. 75 - 92
Marcel PRAWY: Die Wiener Oper, neubearb. u. erw. Aufl., Wien - München - Zürich 1969.
Victor REIMANN: Dirigenten, Stars und Bürokraten. Glanz und Abstieg des Wiener Opernensembles, Wien-Stuttgart-Basel 1961
Hilde HAIDER-PREGLER: Der Staatsakt: die Wiedereröffnung von Burg und Oper, in:
Kristian SOTRIFFER, Das größere Österreich. Geistiges und soziales Leben von 1880 bis zur Gegenwart, Wien 1982, S.424 - 427
Hermann ULLRICH: Fortschritt und Tradition. 10 Jahre Musik in Wien 1945 - 1955, Wien 1956

BILDNACHWEIS

Alle Bilder entstammen dem Privatarchiv von Erich Kunz. Sie sind in Alben geklebt und waren oft nicht mit einem Photographenstempel versehen. Berechtigten, uns unbekannt gebliebenen Urheberrechtsansprüchen kommen wir selbstverständlich nach.

Die Photographen:
Rita Ressel, Breslau (S. 52), Albert Benna, Breslau (S. 55, 56, 59), B . Völkel, Wien (S. 76–77), R. A. Bauer, Salzburg (S. 79), Atelier Ellinger, Salzburg (S. 82), R. Pittner, Wien (S. 102), Foto Fayer, Wien (S. 104, 105, Umschlag), A. Dietrich, Wien (S. 111), A. Grimm, Berlin (S. 120), Foto Doliwa, Wien (S. 112), Atelier Palffy, Wien (S. 117), A. Mader, Salzburg (S.123), Trude Fleischmann, Wien (S.142), Siegfried Lauterwasser, Überlingen (S.114-115)